跨学科语文创意"写作家书"

何 捷◎著

山东城市出版传媒集团·济南出版社

图书在版编目（ＣＩＰ）数据

跨学科语文创意"写作家书"/ 何捷著 . —— 济南：
济南出版社 , 2023.2
ISBN 978-7-5488-5182-0

Ⅰ . ①跨… Ⅱ . ①何… Ⅲ . ①作文课—中小学—教学
参考资料 Ⅳ . ① G634.343

中国版本图书馆 CIP 数据核字（ 2022 ）第 137992 号学

跨学科语文创意"写作家书"　　　何　捷　著

出　版　人：田俊林
图书策划：李圣红　董慧慧
责任编辑：董慧慧　陶　静
封面设计：八　牛
插画绘制：武一凡
版式设计：张　倩
内文排版：刘欢欢
出版发行：济南出版社
地　　　址：济南市二环南路 1 号
邮　　　编：250002
印　　　刷：济南新先锋彩印有限公司
成品尺寸：185mm×260mm　16 开
印　　张：9
字　　数：137 千
版　　次：2023 年 2 月第 1 版
印　　次：2023 年 2 月第 1 次印刷
书　　号：ISBN 978-7-5488-5182-0
定　　价：39.00 元

（如有倒页、缺页、白页，请直接与出版社联系调换。联系电话：0531-86131736）

一直教，为什么写不好？

好多父母抱怨说：我一直在教孩子写作文，可他一直写不好！估计是没天赋吧。父母的可贵就在于，即便暂时看不到希望，但还是有动力，会不断付诸各种形式的"教"。这背后有个动力——"得作文者得高考，得作文者得天下"的口号，让作文被万众瞩目。必须正视一个问题：如果你仅仅把作文当作一个考试的项目来教，那么就折损了作文所有的风采。

让我们来调查，到底父母的"教"都依托在哪些行为中。

首先，就是逼孩子读各种书。越是心急，读得就越直接。比如读"作文选"，读各种"作文指导丛书"，甚至还读"作文秘籍"，等等。确实有效。但，父母更期待的是孩子通过阅读和写作，产生那种更为持久的、恒定的气质改变。必须承认，技法书达不到这个效果。然而看些名著经典，变化似乎总是不明显。纠结啊！

其次，认真辅导，亲力亲为，亲自教孩子写每一篇作文。这个真的好，但教的过程要注意调控情绪。很多写不好的孩子，每一次家长教作文的过程最后都演变为生气、怒吼、责备、失望。

一直教，为什么他总是写不好呢？我们不得不承认写作需要有天赋，但百分之九十以上的孩子是可以教好的。一直教，写不好的原因也许有以下几点：

第一，虽然一直教，但没有让孩子产生写作的动力。动力来源于写作中产生的快乐体验，动力来源于写成的文章是否能够服务生活、有助于孩子未来发展。所以，父母的教，要提供动力。父母的教学设计要做检查：是否很生硬？是否很粗暴？是否要求很直接、很多？当我们考虑到孩子写作需要内部动力的时候，我们就会对外部的"教"进行改造，我们要做有智慧的父母。

第二，也许父母看错了"好"。我们把孩子练习写作简称"习作"。习作的"習"，其实是一幅画：上边是鸟的羽毛，下边是个太阳，意思是小鸟在太阳底下练习飞翔。小鸟练飞，必须反复练习；小鸟练飞，总是会经历失败，有的失败也许是致命的；小鸟练飞，需要大鸟悉心指导。所以，"好"与"不好"，关键是你怎么看。假如你把每一次练习的过程、每一次的参与都看作是"好"，那么他就会慢慢好起来；假如你把每一次语言表达的点滴进步，甚至是一句话的出彩，都看作是"好"，那么他就会慢慢好起来。相反，你着急看到像作文选中那样的作文，就会越来越失望。

原因也许还有很多，但通过阅读本书你会发现一些智慧的做法。只要你能付诸实践，相信一定会越来越好。有智慧的父母都是"慢性子"，都是"善陪伴"，都是"重过程"的。父母观念的改变，把陪伴孩子、科学指导孩子写作，当作是家庭中最快乐的事，写作这件事真的就会快乐起来。

何　捷

目录

能力篇

儿童写作能力，靠"练"。
每次亲子互动，都是能力提升的绝佳机会，不可错过。
结合生活，
应把每个鲜亮的场景、生动的画面、难忘的经历，
用文字定格。
能力，就在记录的过程中，
悄然改变。

带我做个梦吧

在家庭中指导孩子写作文，究竟从哪里入手？

这个问题，我思考了很久。传统教学，习惯以"写作内容"为依据进行分项指导，例如，写人、写事、写景、状物等。有时候我们也根据任务划分，例如，写留言条、写通知、写计划书、写信等。但是，这些成年人的"固态"划分，对于孩子来说合适吗？森严的界别、领域、差异等，是不是让写作变得有点无趣？

更重要的是，我们总是在探寻——不管根据什么划分，写作应该有一些通用的"法宝"，是在每一种类型的写作中都需要运用和借助的，是在各种文字表达中都存在着的。

于是，有了我们的第一个话题——做梦。"做梦"在本文中指的就是想象。

爱做梦，是孩子的天性。爱做梦的孩子，想象力丰富。想象，就是孩子和大人差别的显著符号。父母的写作指导，不妨从想象打开口子，把孩子与生俱来的想象力诱发出来、激活起来，然后鼓励孩子把精彩的想象记录下来，不就是最好的写作生态吗？

其实，爱做梦就是孩子的本色，善于想象就是孩子的优势，不需要"教"，"教也教不好"。结合生活，在每天清早你的指导就可以开始了，我们称之为"唤醒"。在匆忙的早餐准备中，在带孩子去上学的路程中，甚至在等待红灯的几秒钟里，指导都有可能发生。最好是：这样的指导来自孩子的需要，孩子有主动和你交流的欲望。

你会发现——他会找准时机告诉你：爸爸妈妈，昨天晚上我做了这样一个梦。爸爸妈妈，我有这样一个梦想……

有耐心、有爱心的父母，会静下心来听孩子讲述，而浮躁的心会让你拒绝和孩子交流。

实际上，指导就是交流。只要你开启交流的通道，就开启了指导的可能。如果你拒绝对话，就关闭了指导的可能。说得严重一点，你封杀了孩子的表达欲望，你在阉割他的写作热情，你浇灭了他的写作梦。

好吧，如何带孩子去做梦呢？我有几招和大家分享。

第一，没事找事。

一旦和孩子在一起就问问：昨晚你做了什么有趣的梦呢？孩子的梦，大多是若有若无的，是模模糊糊的。有的梦，却是相当清晰的。孩子会主动跟你说，但这样的时候也许不多，你要抓住哦。我们建议父母要学会"没事找事"，主动挑起话题。指导的意义就在于主动撩拨其表达的愿望，询问就是个撩拨的好办法。其实，当你询问孩子之后，孩子跟你讲的未必是昨天晚上做的梦，有可能是存在于他心里的一种幻境，一种构想，这不正是我们期待的通过做梦开发想象的意义所在吗？请牢牢记住，我们只是以"梦"这个话题引发孩子说出自己的想象、表达心中幻想的世界而已。

第二，进入"盗梦空间"。

电影《盗梦空间》给人留下了深刻印象。和孩子谈"梦"不就是进入他们的"梦想空间"吗？父母不就是那个"盗梦"的人吗？"盗"有义啊，就是分享，就是启发。如何进入？你挑起的话题要有作用。你可以让孩子介绍大致的想象内容。

当孩子说的时候，父母不要止步于点头应和。当然，开始的时候可以这么做，但原则就是不断鼓励他说出来。仅仅回应，就等于在原有的表达水平上没有提升。好的办法是不断追问。例如，你可以追问梦中的一些细节："当时情景是什么样的？""当时你是怎么做的？""你为什么这么做呢？""之前你有没有相似的经历呢？"……

通过追问，孩子很可能会把断断续续的想象片段，连接成一个比较完整的故事，这样指导的意义就放大了。父母还可以通过自己对生活的理解，以"提供参考答案"的方式，让孩子把梦境变得更加真实。例如，孩子的表达中提到了一个山谷，父母就可以说说自己认识的山谷，让孩子补充说梦中山谷的具体环境："这个山谷在哪里？""山谷是什么样？""山谷里都开着哪些花？""走到山谷里闻到的味道和在家里一样吗？"等等。记住：追问，追问，再追问；细节，细节，还是细节。这就是父母带孩子去做梦、和孩子说梦时最重要的口诀。

第三，梦境"交易"。

这里说的"交易"，是"交换，并让表达变得容易"的意思。当孩子表达了自己想象的东西时，父母不要仅仅以一种"接纳"的状态应对，如果每次都这样的话，孩子会觉得"不合算"。"公平交易"就是"交易"的原则。比较好的方式是：父母顺着孩子的表达，说说自己的梦。这才有"带你去做梦"的意味嘛。

父母说的这个"梦"，可以是相似的经历，也可以是根据孩子表达的即兴应景之作。为了孩子，我们相信父母的智慧是无限的。为了让孩子的表达更加欢愉，你有义务、有责任用一个临场的应对使孩子更喜欢表达，这是我们作为父母的天职，也是爱孩子的表现。同时，你在表述自己梦想的时候，也可以看看孩子的表情，**你会发现什么叫"一个思想撼动另一个思想；一份快乐引燃另一份快乐"**。

此外，我们给出一个提醒：父母可以坚持做一个"追梦人"。

和孩子谈论自己的梦想、激发孩子表达自己的想象，不是一时半会儿的事，而应该是长期坚持的话题。这可以作为家庭对话中一个"规定动作""常规项目"。在每天送孩子上学、接孩子放学的时候，每天睡前和孩子接触的时候，带孩子外出的时候，路上闲聊的时候，洗澡后舒服地躺着的时候……都可以跟孩子谈起这个话题。因为这个话题本身就没有时空的限制。

"梦"，在本次的交谈中，只是"想象"的代言人。

最后，我们分享亲子指导的经历。让孩子来讲他的想象，他会有说不完的话题，更好的指导、更加厉害的话题统整术是：把话题组成系列。

比如：我的儿子在幼儿园的时候很喜欢恐龙，于是我们的想象话题，大多集中在恐龙时代。例如：恐龙如何生？恐龙如何死？恐龙如何繁衍？恐龙的模样、攻击力、种类等。后来他迷上了"魔法"，我们的话题就聊到了哈利·波特，聊到了孙悟空，聊到了一切他关注到的魔法。再长大一点，他对未来产生了浓烈的兴趣，机器人就是我们聊天的核心。而有一段时间，他跟我聊的更多的是他幻想设计的游戏世界，这个游戏就是一个"捕鲨鱼"

的游戏。可能是受了新闻中关于"捕鲨鱼"的影响，也可能是几次旅行看到大海之后，他对海洋动物产生了浓烈的兴趣，还有可能是受到手机游戏启发……

总之，梦想来得突然，没由头，这就是梦想本身的特色。但和他聊是不变的指导本色。他希望自己开发一款"捕鲨鱼"的手机游戏，我们的梦想聊天就是完善这个游戏的设计。父母要指导孩子系列化、系统化、持续化地追踪这个话题，不断把一个"点"扩大，连成线，连成面，以此展开各个空间，成为共同的"追梦人"。

好了，这是第一节。

文末有个提醒：也许在本书中，每一节我们都会提醒大家——指导孩子写作文，**重在过程**。指导之后，可以鼓励其记录。如果孩子实在排斥，就不要勉强，可以慢慢来。有时，只要有过程，就会有价值。当然，如果你的孩子已经有写日记、写百字作文的习惯，不妨把"带我去做梦"的指导对话作为写作内容。

既轻松，也有意义，还有实效。这就是我们这本书的核心价值。

共同祝愿开篇的第一节为家庭写作指导带来智慧助力。

小试牛刀——孩子佳作

科学梦，创新梦——我的中国梦

我是一条红领巾，我有一个好伙伴，他就是我的小主人——何泓锐。他有时候活泼好动，在球场上跑跑跳跳，挥汗如雨；有时候安静专注，抱着书一看就是一小时。但要说起他最喜爱的，还是探寻科学知识。科学知识有着无穷的魅力，深深吸引着他。

这个暑假，我的小主人要代表学校参加福州市的科技比赛。瞧他兴奋的样子，又蹦又跳，那么激动。我可真替他高兴，激动得在他的脖子上忽上忽下。这场比赛

分为两个部分——笔试和实践操作，既要掌握一定的科学知识，又要按要求根据科学原理进行现场拼搭器械，和队友一起完成闯关任务，难度还挺大的。有把握吗？我还有点担心。可小主人摸摸我，拍拍胸脯，信心十足地对老师说："老师，我们会好好配合，好好完成比赛的。"加油！我的小主人。

为了能赢得比赛，为学校增光，我的小主人可认真准备了。考试结束，同学们不是去旅行，就是相约一起去玩，可我的小主人哪儿也没去，天天待在家里做赛前准备。上午，他翻看学过的科学书籍，又是查资料，又是做笔记，整理了好多重点知识呢。我在一旁看着他专心致志的样子，可真认真啊！下午，他要集中精力做创意拼搭，就是用专用的零件，自己设计拼搭出一辆能上坡、能拐弯、能载运的小车。这对小主人来说可是一个大挑战。我看他先是思考了一会儿，然后很快拼出了一架精巧的小车，能装下一两粒乒乓球。可是他觉得这样运输太慢，于是立刻拆掉了重搭，拼出了一个带有大翻斗的车。哇，这车可以一次装下七八粒球了，真棒啊！我还没来得及向小主人挥挥手表示祝贺，小主人又一皱眉头："这样的车用什么动力带动呢？"话音刚落，他就又把刚搭好的小车给拆了。整个下午，他拼了又拆，拆了又重新搭，反反复复组装了好几个不同版本的车，可没有一架让他满意的。当他组装失败时，他总会抬起头来看看我，好像对我说："我不会放弃的。"然后又鼓起劲，开始了新一轮的尝试。

连着几天，小主人都独自待在他的书房里，不停地组装、改造，然后在自己搭建的模拟赛道上试验。妈妈让他休息会，他不肯停下来。爸爸让他出去走走，他也拒绝了。外公做了一桌他爱吃的菜，可他匆匆扒了几口饭，就又回到房间里了。在他不断的尝试下，小车从原来的手动滑行，到皮筋带动滑行，再到马达发动上坡，一次比一次做得好。可我看见小主人的脸上，并没有喜悦的表情。小主人站起身，来到窗边，望着天边和我一样鲜红的晚霞，喃喃地说："这些设计，不管用什么做动力，都因为自重太重，无法完成所有运送任务。这样我的队友就会因为我的原因，无法顺利进行下面的比赛。这是一个团队任务，怎么办？明天就比赛了！"

　　夏日的晚风轻轻拂来，我随着风摇摆起身子，我真希望小主人听到我的心声："别着急，再想想，你一定会有更好的主意的。"小主人伸手把我从衣架上取下来，放在手上掂了掂，突然，他眼睛一亮，激动地叫了起来："有了！既然小车太重，就减轻重量。把原来拼搭的梁换成轴，不仅能搭出更大的车厢，还能大大减轻重量。这样用马达就能轻轻松松地把所有小球运输完毕。"说完，他立刻动手改装，效果真如期望的那样。晚上，小主人将我折得整整齐齐的放在枕边，甜甜地睡去了。我知道，他明天将戴着我，和他的队友迎接这场比赛。

　　第二天，佩戴着鲜艳红领巾的小主人在赛场上显得格外精神。比赛开始了，只见他信心满满地拿起零件，用最快的时间，拼出了早已熟记在心的小车。那辆小车，载着小球顺利地到达了队友处。我的小主人成功地完成了任务。"耶！"小主人欢呼雀跃，我也欣喜地和他一起跳了起来。

　　当我还沉浸在欢喜中时，我发现小主人的眼神一下子凝聚到了其他选手制作的小车上。原来，小主人并没有满足于自己的创意，而是认真观察场上其他选手的制作，发现他们的创意都有很多可取之处。比如：有的小车虽然不能上坡，但能拐弯；有的小车用的是气球做动力；还有的小车安装了双马达……原来，大家都为了比赛而精心准备啊！小主人一边看一边把好创意记在心里，我还听到他自言自语："回去，我也要试试这些方法。"比赛结束了，选手们还迟迟不肯离开现场，我的小主人带着自己的小车和陌生的同学，互相交流小车的做法。看着他们脸上洋溢着对科技的喜爱，我觉得他们个个都是冠军呢！

　　一场科技比赛结束了，小主人对科学的热爱、对创新的追求却没有停止。偷偷告诉你们一个好消息，我的小主人在这次比赛中获得了一等奖，我要和他一起站在领奖台上，庆祝胜利。我也会继续陪伴着他，去实现他的科学梦，他的创新梦！

何泓锐

写于四年级

带我听老长辈的故事吧

名师指路 —— 写给家长

有一个不容忽视的现实，孩子对家中的长辈非常陌生。

在一线执教中，我发现一个很有趣的现象。我多次询问一些孩子：你的父亲、母亲是做什么工作的呢？不少孩子的回答是"不知道"，或者是"说不清楚"。必须承认，有的父母确实工作神神秘秘，出入时间不定，孩子虽然和父母同住，但也只能依稀知道他们从事何种职业，却说不清楚。也有的父母的工作本身具有保密性质，所以日常有意回避，这可以理解。

除此以外，如果还出现上述的"模糊"，真是家庭生活中的巨大遗憾。

那么多的孩子对自己父母的工作不了解，如何谈"爱"，哪里成"家"？这不能不说是家庭教育中的失败。特别悲哀的是，不少妈妈为了儿女付出一切，放弃职场，成为家庭主妇，询问孩子自己母亲的工作，得到的回答居然是"没有工作"。这么辛苦成了"没工作"。孩子根本认识不到父母的付出，怎么谈感恩？教育，不仅在作文上缺位，在做人上也缺位。因此，我们借助这一话题，大声呼吁：各位父母，平时要注意对儿女的引导，正确的引导，有助于树立家长的威信。

对父母亲的了解，已然如此，对家中的老长辈（祖辈）的认识，更是让人不敢去想……即便生活在同一间屋子里，孩子对爷爷、奶奶如果没有兴趣了解，除了亲情确实存在外，不是形同陌路吗？爷爷、奶奶、外公、外婆对孩子的关爱，那是掏心窝子的，不要回报的。可是，孩子对这样爱护自己的人一点都不了解，或者说仅仅是了解一鳞半爪，被人问起来时一片茫然，真有点说不过去。

其实，我的反应这样激烈，因为同样的情况和遗憾，发生在我自己的童年，给我造成了永久的伤痛。我出生时，爷爷、奶奶已经去世，我对他们的印象就是零。而我的父亲从未跟我说起他们，所以在我的认知中，爷爷、奶奶就是神秘的"天外来客"。我们不曾谋面，也没有印象，更缺乏情感，因此我把更多的对老长辈的情感寄托在外公、外婆身上。每个春节的大年初一，我总在外婆家度过。逢年过节我也毫无例外地都守在外公、外婆身边。但，我仅仅享受天恩，却从没产生了解外公、外婆辉煌历史的兴趣。只知道他们是"南下干部"，其他一无所知。

其实，当时的我，对什么是"南下干部"根本不知情，天真地理解为"囊下干部"，认为是包裹很大的意思。直到，外公离开了我们，我感到伤痛；再接着，外婆离开了我们，我感到终生遗憾。那么爱我的人离开了，我却依然不了解他们，我深深自责，这才向我的妈妈了解了外公、外婆那富有传奇经历的一生。

今天的孩子，如果不补上这一课，会不会也有同样的遗憾呢？让孩子了解家中的老长辈，是不是可以结合进我们的作文课程体系呢？**伴随着写作，那应该是一个充满温情的文字回忆啊！**操作起来，很方便且有效。孩子所写的是活生生的人，是有情感的人，是和我们关联密切的人，所以，写他们就是写自己。

记得儿子小的时候，我们家采购了一个录音片，不停地播放"爸爸的爸爸叫爷爷；爸爸的妈妈叫奶奶；妈妈的爸爸叫外公；妈妈的妈妈叫外婆……"辈分关系，可以成为儿歌，一定也可以成为写作素材。从这首儿歌中，我得到了家庭写作指导的第一个启发。

写作可以用画图的方式进行。

这就是另类写作——族谱制作。首先，指导孩子罗列家中所有的亲人。通过罗列，对亲人关系进行整理，列出名字就是集体亮相。这一完整而系统的认识很有必要，也并非如想象中那么简单，没有父母的配合，几乎难以完成。很多父母本身也未必清楚，也需要多方查证。和孩子一起经历这个过程，就是学习。

其次，用非连续性文本中的图表绘制族谱，让整个家庭中各人的关系以图像的形式，直观地被孩子感觉到、绘制出来。记住，画图就是写作，用图像写作和用文字写是一个道理。在族谱中，按照长幼顺序进行排列，让亲情关系、血脉纽带，一目了然。有人说《红楼梦》很难读，但也有人说读好《红楼梦》有一个很简单的方法，那就是绘制《红楼梦》中人物的族谱图表，认清关系也就更容易读懂关系中的话语、故事、情感了。基于此，我们指导孩子绘制族谱，不仅具有"写作"这一功效，更多的是解读"家庭"这个概念，领悟其更深层的含义，凝聚家族的力量。我们成年后经常回家祭祖，到祖宅看一看，到祖宗牌位前去拜一拜，这些难以割舍的情感应该从小培养。写作，通过族谱制作的特殊方式，就是很适合孩子的方法。

接下来介绍一个更简单的方法，叫"听、记老长辈的故事"。

对于比父母更长一辈的老长辈的了解，只有通过父母的口述才能传承。家族中的口口相传，原本就是一项不能忽略的传统，是最好的亲子教育方式。所以，本次的写作训练，就是"听、记"。

先说父母的"讲"。

"讲"，有三个要求。

第一，讲得要有意思。

和孩子讲老长辈的故事，不要正儿八经地训导，这不是"抓住一个机会进行教育"。应该把它当作一个故事来讲。记住，只有故事才会吸引人；只有吸引人了，才会让人记住；只有记住了，才能够转化为素材，才能够运用。所以，讲得有意思很关键。把老长辈的人生经历转化为故事，跟自己的子女讲述，这是"讲述故事的第一要义"。

希望父母在讲之前能够自己先练一练，不要在开口之后就后悔。例如，我给自己的儿子讲述奶奶的人生，就是一个好故事。我讲到奶奶小的时候是家中的长女，要照顾六个弟弟妹妹，她每天非常忙碌。但她又很热爱学习，这就更显得时间不够了。我还联系课文中"鲁迅为了给父亲治病，奔波于当铺和药铺之间"的故事来说，介绍奶奶小的时候如何既注重自己的学业进修，又能照顾好家庭，简直和鲁迅有一比。在我心中，我的妈妈当然比鲁迅更重要。我在讲述的时候还特别注重一个细节，就是一碗饭要分成六口，让每一个弟弟、妹妹各吃一口。这个小小的细节，儿子听得津津有味。他眼前能有画面感，对奶奶的其他故事也产生了兴趣。这就是讲述的魅力。

第二，讲得要有关联。

老长辈的故事很多都是陈年旧事，和今天的生活关联不大，很难让孩子产生兴趣。兴趣缺失了，写作就没有动力。所以，不断地关联就是能让讲述吸引人的又一秘诀。比如：我讲到外婆当年购物要用到各种票据，买布用布票、买肉用肉票……孩子不理解，我就讲与当下生活的关联。儿子正在学着使用各种打折卡、代金券来降低消费成本。我告诉他：在过去呀，没有这些东西，但有相似的票证，比如每个月要买米、买面，要吃糖、吃油，都被限制，必须手中有票才行，否则就干着急！虽然外婆当时用的票和今天的代金券完全是两回事，但懂技巧的父母会与当下关联，让孩子产生联想。

和老长辈生活的年代距离，就是所谓的"代沟"，代沟就是语言沟通时不注重关联而产生的思想鸿沟。其实，真正的代沟是不存在的，因为有语言可以抚平，你的讲述可以为其搭建桥梁。为了配合孩子理解，我们在讲的时候还拿出自己珍藏的粮票给孩子看，他感到非常意外——真的有这个东西啊。意外带来的结果就是他对外婆更加崇拜。父母要记住，要想讲得有关联，你必须对今天子女的生活有所了解，你要在平时做一个爱护子女的有心人，不仅关心他的吃穿，更要关注他的生活环境，这可能成为你指导他们写作的前提与基础，也是指导的通用法则。

第三，讲得要有条理。

老长辈的人生经历，就是讲述的顺序，就是表达的条理。可以从老长辈的童年讲起，一直延展到各个阶段。也可以从孩子特别关注的一个特殊阶段讲起，以此为核心，向前后蔓延开去。不管你采用何种方式，按顺序讲述都是父母在讲的时候心中恒定的铁律。只有你讲得清楚、有条理，孩子才能听得明白。这其实是为他有序写作做铺垫。这一点，相信父母能做到。

好，最重要的来了——

不要只顾着自己讲，应特别注重孩子是否在听。

通过"听"才能对写产生帮助。所以，整个"讲"的过程都要关注孩子的"听"，要培养他一边听一边记的能力。这就是"有效与否"的区别所在了。所谓"记"，可以是用脑子记，更好的是拿笔记。听记能力是孩子获取写作素材、提升写作能力、形成写作习惯、巩固写作意识的绝佳途径。

为了让他更好地听记，请记住，你可以选择一个好的时机来讲述。例如，不要在孩子情绪波动很大的时候讲故事。这边刚打完、骂完，那边你就来讲故事，没人会听得进去。相反，家庭相处很融洽、父母和子女在一起很快乐的时候，就是最佳时机。比如，在外出旅行的路上，一边走一边讲，这简直是一道风景，没有什么比这个更让我和儿子感到惬意的了。再比如，吃饭过程中，看到丰盛的食物，想起过去，可以开始讲一讲。故事拥有非常好的生发点，就是极佳的联想环境，可以来讲一讲。时机的把握就是想方法让孩子听记，专注地听记，然后转化为素材。你还可以选择一个好地方，家中的任何一个地方都是好地方，但温馨、安稳、舒适的区域更适合。

还有一个好建议：讲述老长辈的故事，不如把子女带到老长辈居住的地方，带到爷爷奶奶家去讲。身临其境，讲起来更有声有色。还可以参考挂在家中的照片、一些旧的物件，感受真人版、现场版的演绎。总之，把讲述的环境设计得让人感到安全、熟悉、容易产生关联就更好了。人只有在感觉安全的时候才有学习的欲望。请记住，讲述还可以配合肢体语言的辅助。和子女讲述故事，可以亲密无间。为了让孩子注意力更集中，可以使用亲子间特有的姿势。例如我比较喜欢揉着儿子的肩膀来讲，因为这让他感觉我们是"宇宙无敌神奇超级小兄弟"，连这个称呼都是他不由自主从嘴里蹦出来的，是他对我们俩关系的多元界定。**身体的互动、体温的传导，都有助于亲情的传递，也有助于讲述中对孩子倾听能力的监控和养成。**例如，当我的儿子听着听着又走神的时候，我就用手指施压，给他的身体传输一种感觉，他马上意识到走神了，目光会回到我这里，我们又回归正题了。

有的时候，我也会用手吸引他的眼睛，引导他将注意力集中在我的手势上。这些肢体语言的运用都是很好的配合。再比如，妈妈最擅长的睡前讲述方法是，一边抚摸着孩子，轻轻地拍打，一边讲故事。真是温暖的画面啊，那些传世名画中的场景，不过如此。温情，和富贵无关，与心意相通。亲自讲述，用心关注，不仅是为练习表达服务，更有助于情感的传递。伴随着情感传递而输入的信息，是家庭中最有效、最具温情、最持久的。最后，千万不要忘记，好的讲述还需要有积极的回应。在讲的过程中，不断地问孩子的感受，不断牵引他的回应，提示他做出答复，提醒他自己独立思考，鼓励他积极表达。这一切都是父母亲自讲述与听记中的技巧，也是培养倾听能力的方法，都有助于写作。

听记之后，可以鼓励孩子整理信息，把老长辈的故事写下来。写这些故事的意义是什么呢？不仅仅是写作文！写下的文章可以作为给老长辈的礼物！我的儿子就曾经写了一篇《听爸爸讲我奶奶的故事》，当我把文章送给我妈妈时，她感动地流下了眼泪。我的妈妈还很可爱、很认真地交代："说得很好，但还不够。这里还少了一个上山下乡的知青故事。"瞧，每个人心中都有故事，每一位老长辈都希望子女了解自己的过往。所以，各位父母，我们了解这一课是极有意义的。可以说，带着孩子去了解老长辈的故事，不是可有可无的事，而是家庭的一节必修课。

小试牛刀——孩子佳作

听爸爸讲我奶奶的故事

我的奶奶是一个要求严格的人，她要求我穿衣要整齐，洗手后再吃饭，洗手后还要用规定的毛巾擦手，房间必须整洁干净，每天都要运动。奶奶还是个热爱生活的人，她对可乐球极为喜爱，她和团队获过可乐球比赛市、省、全国冠军。

为什么奶奶既要求严格又热爱生活呢？这看上去有点矛盾。我对奶奶的过去一无所知，就问爸爸。爸爸和我说起奶奶的故事。我这才觉得：每个人都有小时候，每个人的小时候都很有意思。

小时候，奶奶家总共有七个兄弟姐妹。而我的奶奶排行老大。那个时代，太奶奶有这么多孩子，照顾不过来，所以奶奶不仅要顾着自己的学习、生活，还要带着六个弟弟妹妹。我想：如果是我，早就"辞职"了。可奶奶不但担起重任，而且学习也不落后。在那个"用票买肉"的时代，生活很苦，为了让六个弟弟妹妹也有好成绩，我的奶奶在生活中对他们严格要求，所以今天也严格要求我。原来这是一种传承。

奶奶在新华印刷厂当工人。正好印刷厂开始印刷武侠小说。奶奶将机器印坏的书页捡起来，把这些废纸订成了一小本一小本的书，让爸爸看。有一本书叫《射雕英雄传》，爸爸最爱看，所以现在他的微信名还叫"周伯通"。是奶奶让爸爸成为福建省第一批看这本书的人，原来，奶奶用自己的方式重视儿女的学习。

年轻时奶奶就对文艺很感兴趣。奶奶上学时是班里的文艺委员，工作时是厂里的文艺骨干。可是因为我爷爷病得早，所以奶奶一个人要托起全家，她的梦想也就放在了一旁，只顾操劳了。1992年到1994年，爷爷开了三次刀，在这痛苦的三年中，奶奶在医院、家、单位这三个地方穿梭奔波。1994年爷爷不幸病故后，奶奶很快也提前退休，一心照顾这个家。这时她才捡起自己的兴趣爱好，参加了文艺活动。为了更加专业，她报名参加了老年大学的培训班，后来又参加鼓楼区、福州市、福建省各级各类的文艺比赛。和年轻人相比，奶奶更是热情百倍，刻苦练习。如今她和她的团队已经成为省级老年人艺术团队中的明星了。

听爸爸讲了这些故事，我更了解了今天的奶奶为什么是这样，也更明白了奶奶对我的爱是那样的传统和温暖。看着爸爸，听着他讲的故事，我很自豪生在这样的家庭中。因为，我的奶奶有一段精彩的故事，我的奶奶有一段不平常的经历，我的奶奶有很多人生的感悟，我的奶奶能说出一句句绝妙的话语……爸爸说，这就叫生活的结晶和沉淀。

何泓锐
写于四年级

带我养一只宠物吧

很多孩子会和父母提出请求——我要养一只宠物。在大部分情况下，父母会一口否决。并不是父母心肠冰冷，动物的可爱谁都能感受到。但为什么好多父母会拒绝这个可爱的请求呢？

我们非常了解父母的苦衷。工作的繁忙、养育子女的辛苦，让我们很难再抽出时间在家里饲养一只猫、一只狗、一缸金鱼……孩子可能体会不到，饲养一只动物，犹如添加一个孩子，是要付出艰辛劳动的。更可怕的是，曾经拥有饲养经验的家庭，也不愿意再次饲养宠物。每一次和宠物的生离死别，都是那样揪心。这种痛，可以说是自找的。父母觉得，孩子很难有所体会。但很奇怪，孩子经常向父母提出饲养宠物的要求。看来父母也必须了解其中的缘由。**原来，人与动物具有一种天然的联系，这不是你隔绝他与动物的交往就会自然消失的，也不是你说看不见就不存在的。**再加上网络时代，孩子了解到的宠物信息，接触到的动物饲养的经验分享，都使得他有很强烈的饲养宠物的冲动。好了，就假设一场"关于饲养宠物"的对话，在你和孩子之间开始吧。

例如，当孩子提出"爸爸，我要养一只蜥蜴"的时候，你的回答是什么呢？如果你说："不！这种古怪的东西，我们家坚决不能养。"呀，可惜，剩下的一切美好的写作状态，都将化为泡影。你的拒绝就是对写作的封杀。我们建议：在这个时候，你完全可以运用缓兵之计，巧妙地让孩子结合这个事件，至少进行六类作品的写作练习。

六类哦，想不到吧！

第一类：写"承诺书"。

要饲养动物，家庭成员必须分工，至少要有人料理动物的吃、喝、拉、撒吧。同时，既然是孩子提出要饲养，孩子就必须承担一定的工作量。可以要求孩子写"承诺书"——不要被这三个字吓到，只不过是一些固定格式而已，给他说说这些基本的格式就行。或者，父母也可以使用公司的成年人间的承诺书，这样也许更有真实感。让孩子正儿八经地在承诺书中，郑重写下自己的责任，对要做的事情进行庄严的承诺。这个时候，父母看着他认真的样子，是不是想笑出声来呢？千万冷静，你要参与承诺书写作的全部过程，并且要煞有介事地在承诺书上盖章签字。总之，你要把一切做得像真的。更何况，这一切原本就是真的。

第二类：写"调查报告"。

孩子要饲养宠物，需要先做好准备，事先必须了解宠物的生活习性。所以，你可以开放家中的网络，可以带孩子上图书馆，可以带他到书店去借阅有关书籍，最好的是带孩子到有饲养这类宠物的人家去做客，了解具体情况。通过各种渠道让他获取信息，之后鼓励他写一份调查报告。

依然提醒各位，请不要被"调查报告"四个字吓住了。实际上，这有可能是一种更加简单的写法：把孩子掌握的信息，以一种比较正式、规范的陈述式语言写出来。不需要加入太多的修饰语言，不需要展开太多的想象，写起来会更加畅快和简洁。写这类作品，我们更看重整个调查的过程，孩子能够通过各种渠道获得信息，能够拥有获得信息后的快乐感受，能够处理信息、运用信息、编排信息。我们注重的是孩子的过程性能力养成。

比如，我的儿子有一段时间迷恋神仙鱼，就是那种个头很小的热带鱼。他只是在宠物店的鱼缸里，看到诱人的布景，看到那种生态，他就有了欲望，但其实他还很无知。我们就借机让他查找相关的资料，形成调查报告。那一年，儿子上四年级。通过调查，他才知道饲养这样一种鱼多么不容易：水质很重要，沙石很讲究，投喂饲料也是技巧。不但如此，光有鱼儿远远不够，还要购买净水器、过滤器、加热棒、水草、砂石……他算了一笔账，要花掉接近五百元的压岁钱。通过对整个系统的了解，他在决定饲养这种鱼之前，就等于经历了一次很有意义的自主学习。以至于最后，到底要不要饲养，他已经忘记了，因为他已经成长了，兴趣也发生了变化。但调查的过程和一份幼稚的调查报告是留下了。

第三类：写"计划书"。

和前两类不同的是，计划书的写作重点是"预见"。计划书中，要写出如何让饲养的宠物在我们的家中活得更开心、更健康。有计划才有成功饲养的可能。计划书的写作，也服务于孩子的生活。计划书是对自己生活的事先规划，是对改变的一种预设与应对的能力培养。家中有了个"新成员"，你将做何改变，你将如何再次分配有限的时间，在确保学习的前提下，让宠物在你的精心照料下获得成长。与之前的承诺书不同的是，计划书更多地运用调查报告中的信息，更多的是展望未来，语言也更为活泼，就像跟爸爸妈妈说话一样。计划书可以写成规范格式文体，也可以写成普通的作文类型，凭着孩子的喜好写吧。

第四类：写"动物"。

这点不言而喻，写动物是很容易就能想到的，但写法可以多样。例如，介绍动物，让人知道；推荐动物，让人喜欢；动物自述，讨爸妈欢心……只要关于动物的就都能写。写的时候结合收集到的资料，爸妈还可以做观众，一边看，一边指点，让孩子的介绍更为具体、全面。爸爸甚至可以说："好啦，我答应你，如果你把宠物介绍写得很清楚，让我们了解得很具体，同时语言很生动，我们看了也很喜欢。那么，我很可能支持你的决定。"妈妈也可以配合说："对，就看你的写作啦，让这个动物更可爱，这将大大增加我们为你购买这种动物的可能性。"

如何写动物，相信孩子自有一套。因为，在欲望和情感的推动下，在"要饲养宠物"的目标驱动下，在"获得爸妈同意"这种明晰的功能刺激下，每个孩子都会不遗余力地去写，去表达。也只有这个时候，孩子笔下的动物才不再是格式化的。有目标地写，动物就是活灵活现、能够跟人交往、有人情味的宠物。想起我儿子小时候希望在家里养恐龙。我们告诉他："恐龙早已灭绝了。"于是，他问："那么，我们可以饲养什么呢？"通过查资料，他觉得似乎可以饲养一只绿鬣（liè）蜥（当时的宠物店有出售人工孵化的）。后来，为了达到目的，他真的写下了多篇关于绿鬣蜥的文字。我和妻子商量，再给他设置一些障碍。妻子告诉他："妈妈不同意，因为这种动物看起来有点可怕。虽然你很喜欢，但是我无法接受。不过，你可以写得可爱一点，这样我也许可以考虑哦。"就这么一句话，他笔下的绿鬣蜥立刻可爱起来了，成了缩小版的恐龙，成了具有神奇力量的宠物，成了动画片中呆萌的精灵，具有了和妻子一样可爱善良的性情。妈妈假装被打动、被迷惑，欣然同意，而且还主动为他购买了人工饲养的绿鬣蜥。

瞧，这就是文字的魅力。

第五类：写"协议书"。

假设你同意孩子饲养宠物了，那么，建议你在宠物到家之前，可以跟孩子签订协议。结合之前的"承诺书""计划书"的相关内容，你应该知道，我们是以"协议"的形式让孩子确认他应承担的责任，同时多一种未来生活中可能遇到的真正的文体写作。在签订协议时，父母要正儿八经地像电视中演的一样，坐下来，和孩子认真签署。当然，协议书只是一个格式化写作，完全可以用现成的格式化文本（**请把事情做得更有意思点**）。

第六类：写观察日记。

当宠物真正来家之后，你可以提出更加过分的要求——让孩子写下观察日记。家里有个小动物，就有了一个鲜活的小生命，有了一种特殊的生存状态，孩子就拥有写作的无尽内容。于是，写、写、写，每天写，观察日记就可以写起来了。还可以分各种内容来写。例如，写宠物外形，写宠物爬行的样子，写宠物进食，写宠物繁殖，写宠物居住的窝，写如何区分"公母"……哇，想一想，是不是一种很美妙的写作状态呢？

看出来了吧，整个写作指导设计，有两个特点：

其一是系统化，围绕一个主题不断加深。

其二是生活化，紧密结合生活不断完善。

总之，我们要把生活中能想到的各种各样的写作形式，通过这次宝贵的机会让孩子接触到，因为这可是他们主动找上门来的机会哦。而且，六种写作将成为一个主题系列，这有点国际范儿的课程化写作。大家可以从中得到启发：围绕一个事件，我们拥有了一个写作主题，结合这个主题，我们就可以有无限的可能。创意，就在于用心。家长并不需要是个文字高手，只要"会来事"就可以了。

让孩子养一只宠物吧，带着他养一只宠物吧。

小试牛刀—孩子佳作

我的宠物——绿鬣蜥

写作提纲：

1. 来自远古的生物 　　　　　（外形）

2. 性情多变的绿鬣蜥 　　　　（性格）

3. 食物大盗 　　　　　　　　（食）

4. 冷血动物的生存 　　　　　（本性）

5. 绿鬣蜥的一天 　　　　　　（习性）

6. 笨手笨脚的爬行动物 　　　（行）

7. 蜕皮——成长 　　　　　　（衣）

8. 不一样的舌头 　　　　　　（特点）

9. 绿鬣蜥妈妈生蛋记 　　　　（繁殖）

10. 照料法则 　　　　　　　　（饲养）

2016 年 9 月 21 日

（一）来自远古的生物

我家养绿鬣蜥，已经有好几年了。这种动物是除了金鱼之外，最好养活的。它长得像鱼龙，不过背上长小刺，鱼龙的四只"船桨"换成了长有爪子的前后脚。绿鬣蜥的颜色是渐变的，背上是深绿色，下面是浅绿。但因为它喜欢晒太阳，一不注意，就晒成"黑人"了。

它有壁虎一样的功能——断尾重生。如果绿鬣蜥的尾巴

断了，你千万别担心，不过一周，它的新尾巴就会长出来。但新尾巴不是粗一点就是小一圈，颜色呈灰黑，一点儿也不好看。

说起它来我们家的原因，还有一段故事呢！小时候我特别喜欢恐龙，总希望能养一只恐龙当宠物，所以爸爸给我买了一只长相特别像恐龙的绿鬣蜥。看着它，我就仿佛回到了白垩纪时期。是不是很酷？

2016年9月22日

（二）性情多变的绿鬣蜥

绿鬣蜥除了外表特别，它的表情也很有趣。只要你仔细观察，就会发现它的喜、怒、哀、乐。

喜，最不常见。但只要我给它送一盆绿油油的青菜，就有机会看到它嘴角微微咧开，露出难得一见的微笑，仿佛在说："今天天气真好，食物真不错，真开心啊！"

更多的时候，它是一脸冷漠的样子，甚至常常发怒。绿鬣蜥可以眼观六路耳听八方，一旦我悄悄地靠近它，它就会把下颌的一块皮撑起来，骄傲地把头仰得高高的。要是你再靠近，绿鬣蜥会用爪子抓、用尾巴甩你，那时你只好到医院去了……

绿鬣蜥真是一种性情多变的冷血动物。

2016年9月23日

（三）食物大盗

绿鬣蜥看上去很可爱呆萌，实际上它是一个"食物大盗"。

我家还养了两只陆龟，绿鬣蜥和陆龟的食物，同样都是又青又嫩的油麦菜。因为绿鬣蜥可以24小时自由活动，而陆龟没有定点排便的习惯，只有在盆子里拉完后才能

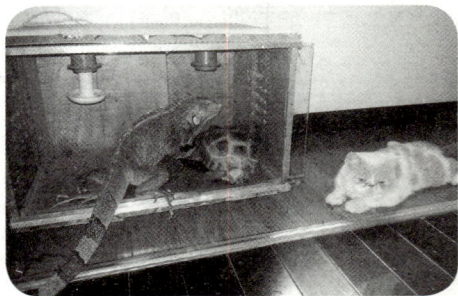

"被释放"。这样的有利条件，对绿鬣蜥来说，真是天大的良机！每当我们把早餐分配到它们各自的食盆里后，绿鬣蜥就伺机出动了。只见它一甩尾巴，健步如飞爬进陆龟的"家"，把陆龟吓得撒腿就跑。陆龟躲在了盆子的一角。绿鬣蜥则不慌不忙地低下头，吃完陆龟的食物，再不紧不慢地爬回窝，独享自己的美食。

绿鬣蜥，你的食量可真不小啊！为了让陆龟的食物能有保证，我们不得不给它们的家装上"防盗网"。

2016 年 9 月 24 日

（四）冷血动物的生存

绿鬣蜥和人可大不一样，我们人类的体温是恒定的，由于绿鬣蜥是冷血动物，所以会因为四季的温差而改变体温。

为了使自己的身体正常运转，绿鬣蜥要不停地吸收外界的热量。夏天烈日炎炎，窗外的气温高达 40 摄氏度，即便室内开了空调，也让人直冒汗。绿鬣蜥却像刚从冰箱里出来的，爬到窗边晒太阳，补充冷血造成的身体低温。看，那一动不动的样子，前脚撑着前半身，后脚耷拉在地上，后半身也跟着贴在了被太阳晒得发烫的地面上。

冬天，冷血动物的体温已经很低了，再加上外面寒风刺骨，真是雪上加霜啊。只要一有阳光，无论是在吃饭，还是在睡觉，绿鬣蜥都会立刻爬起来，爬到有阳光直射的地方，争取一点时间。在没有阳光的时候，绿鬣蜥就会爬到紫外线灯下，来给自己加温。

想想看，如果自己是冷血动物，那就多了许多麻烦事了！

2016 年 9 月 25 日

（五）绿鬣蜥的一天

不论是冬天还是夏天，绿鬣蜥都有晒太阳的习惯。而在一天之中，绿鬣蜥则会因为时间的变化而改变行动。

一大早五点多，绿鬣蜥就起床了。它无事可干，也没有主人的陪伴，只好看着南边的天，在那阳光照到的老地方，等着阳光为它带来温暖。

七点多钟，早餐到了，这是一天中唯一的食物。"食物大盗"又开始作案了。它用特权吃了一大部分陆龟的食物之后，扬长而去。

八点到中午十二点，是"全家"晒太阳之时。在阳台的阳光照耀的一侧，动物们会享受美好的日光浴。

中午，绿鬣蜥常去我的书桌上，看我做作业。下午绿鬣蜥爱爬上爬下，在老地方方便一次，弄得阿姨忙得不知该先擦便便，还是先把已经堆满的垃圾桶倒一下。

每当夜色来临，绿鬣蜥会立刻回到它的小屋，为一天做一个完美的结尾，然后渐渐进入梦乡。

你们知道它睡得有多早吗？天刚抹黑，它就睡着了。此时大约晚上六点。小朋友，一定要像绿鬣蜥那样早睡早起哦！

2016 年 9 月 26 日

（六）笨手笨脚的爬行动物

绿鬣蜥可以说是一种非常聪明的动物，但有时，它可能会笨得让自己都受了伤。

绿鬣蜥原本生活在热带雨林里，所以，就算换个环境，爱攀爬的习惯依旧保持，但驯养的时间一长，它就会变得笨手笨脚。

一天下午，绿鬣蜥出来放松。它从台面上正要下来，脚一滑，尾巴也没有钩住，"刺溜"掉到了垃圾桶里。再一个重心不稳，垃圾桶也倒了，还弄得自己满身是垃圾。

有一次，绿鬣蜥在自己的小屋里，也闹笑话了。当它饱餐之后，爬回到小屋中，可不知怎么，它的背碰到了滚烫的加热灯，烫得它四肢无力，一下子就摔到地面上了。因为不小心，绿鬣蜥的尾巴都断了两次了，幸好它有断尾再生功能。

绿鬣蜥的笨手笨脚，真让人啼笑皆非。如果你也养一只绿鬣蜥，就有机会目睹啦！

2016 年 9 月 27 日

（七）蜕皮——成长

绿鬣蜥的"衣裳"有绿有黄，每年更换一次。当然，"换衣服"表示它长肥长大了，绿鬣蜥的衣服就是自身的皮，只有蜕皮才能长壮，之后再长皮。

绿鬣蜥的皮是由若干小六角形组成的，每个小六角形不到三毫米长。六角形的边微微凸起，是黑色的，六角形内部呈墨绿色，整体看，颜色像河塘里的水，摸起来像樟树的树皮。

蜕皮的时候到了，绿鬣蜥身上的皮就开始变灰，不过几天，身上的皮开始翘起，它会在墙上蹭来蹭去，把皮蹭下来。

绿鬣蜥和蛇蜕皮不一样，它不会像蛇那样一次性全蜕完皮，而是一次蜕一点儿，直到全蜕完。

希望我的绿鬣蜥能多蜕几次皮，长成最大最壮的绿鬣蜥。

2016 年 9 月 30 日

（八）不一样的舌头

绿鬣蜥的蜕皮，让我们惊奇。它的舌头，更是奇特。

我们人类用鼻子闻气味，而绿鬣蜥则是用它的舌头来分辨气味，从而帮助自己找到食物。吃东西时，绿鬣蜥会把食物在舌头上逗留片刻再吞下去，有种依依不舍的感觉。

如果你有心，就会发现，绿鬣蜥的舌头会时不时地伸出来舔东西，一边走一边舔，走一路舔一路。这看上去是一种坏习惯，其实那是绿鬣蜥在辨认气味和味道，帮自己认路。如果出去的时候，绿鬣蜥舔了苦味的橡胶，回来时，只要找到并确认是它，就能找到回家的路了。有一回，绿鬣蜥"出门旅行"，来到了猫咪面前，眼睛轻轻扫了扫猫咪。可是猫仔根本不理它，绿鬣蜥就用舌头舔了一下猫咪，结果弄得满嘴是猫毛，真是闹了一场大笑话。

绿鬣蜥的舌头有意思吧，不过这很不卫生，小朋友千万别学哦！

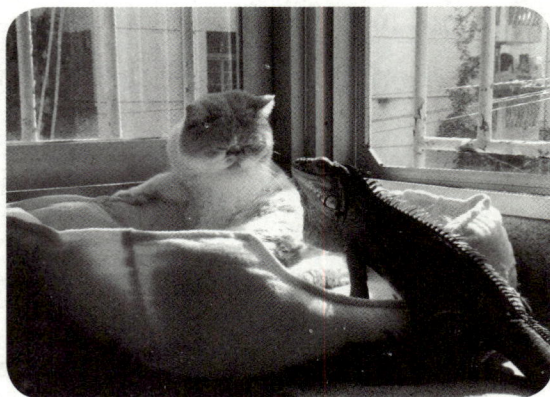

2016 年 10 月 4 日

（九）绿鬣蜥妈妈生蛋记

绿鬣蜥生蛋则是难得一见的场景。

母绿鬣蜥生蛋前一周是不会有食欲的，所以它的邻居陆龟的食物不但没有被偷吃，反而多了一份"快餐"。整天不吃不喝的绿鬣蜥，走起路来总是小心翼翼的，走一步看一步，生怕体内的蛋摔破，陆龟们见了都很纳闷。同时绿鬣蜥的警惕性也提高了许多，就算微风轻轻拂过，发出"沙沙"的声音，绿鬣蜥也要停下来，左瞧瞧，右看看，直到没有声音了才会离开。此时的绿鬣蜥就像刚刚见到第一缕阳光似的，处于防御状态；又像进入"鬼屋"的孩子，随时提防可能遭受到的"攻击"。临近生蛋的时候，绿鬣蜥总是早睡早起。补充体力、养足精神是很重要的，这样，既有利于生蛋，又有利于打发生蛋前这段无聊的时间。

终于到了生蛋的时候。绿鬣蜥的肚子又圆又大，它待在暖和柔软的位置一动不动。马上要生蛋了，绿鬣蜥前脚一抓，后脚一蹬，一粒

圆溜溜、光滑的蛋从屁股里钻了出来，第二粒、第三粒也紧随其后溜了出来。绿鬣蜥妈妈特别高产，有一次我在临睡前看它生出了三粒蛋，第二天清早醒来时，它的屋里竟然有二十几粒蛋了。

在这之后，绿鬣蜥妈妈恢复了常态，吃菜、晒太阳、到处串门，回到生蛋前那有生机的样子。

至于小绿鬣蜥宝宝，我告诉大家一个秘密，绿鬣蜥没有"老公"也能生蛋，但这些蛋，都是"死"的，孵不出来。

2016 年 10 月 6 日

（十）照料法则

听了我以上的介绍，你是不是也想养一只绿鬣蜥呢？如果是，就拜何某为师，好好学两招吧。

第一，购买时注意颜值。在宠物店，你会看到各种大小的绿鬣蜥，它们有的身体完整健康，但也有的生了病，缺钙，或断过尾巴。所以挑选时一定要注意：皮肤无伤痕，没有被烫伤，没有橘红色或暗红色的斑点，屁股不要有白色的黏稠物质，手指和脚趾不要有断裂痕迹，尾巴完整。只有做到以上几点，才堪称高颜值的绿鬣蜥，才能成为你的首选。

第二，精心准备，悉心照料。

1. 要先想好是否能做到每天提供食物。要准备大型的饲养箱，进行雨林环境的布置，提供加热设备，并做到一天两次的粪便清理。

2. 做好准备后，还得学习喂食。绿鬣蜥吃素，可食用的蔬菜水果的种类很多。每日早上九点到十一点是给绿鬣蜥喂食的黄金时间。每日一餐的绿鬣蜥需每天吃不同的食物，例如，昨天吃油麦菜，今天就可以喂苹果。绿鬣蜥不能吃的食物有：卷心菜、花椰菜、菠菜、胡萝卜、香蕉、葡萄、生菜、洋葱等，这些食物会让绿鬣蜥生病。为防止它缺钙，每周可以加两三次的动物专用钙粉到它的美食中。

3. 住房的要求也比较高。绿鬣蜥长到一年半后，就可能成为长约九十厘米，宽约三十厘米，肚围约四五十厘米的大个子，所以需要一间小房子。我给我家的绿鬣蜥准备的房子是长一米，宽四十厘米，高八十厘米的木制房屋，屋内斜着摆放着两根粗木头，其中一根连着空中平台，因为绿鬣蜥是从森林里来的，必须模拟森林环境让它住得舒服。冬天加热灯是不可少的，就算晚上，房里的加热灯也要开着，帮助它进入梦乡。房内要有一扇纱窗门透气，如果你不放心，就可以把绿鬣蜥关在房内，避免它到处乱爬。但我家的绿鬣蜥是放养的，所以它的房门常年开着，可以自由进出。

4.及时处理排泄物。有一个舒适的环境之后，还要考虑排泄物的处理。绿鬣蜥有定点拉大小便的习惯，你可以先注意它方便的位置，然后在那里放一个边缘比较矮的托盘，当绿鬣蜥拉完之后，你就可以清理托盘并放回原处，以便它下一次排泄。

这些饲养绿鬣蜥的常识，你会了吗？虽然照料起来有些辛苦，但我很喜欢我家的绿鬣蜥，所以也就不觉得累了。

绿鬣蜥的生活看似单调，但只要天天和它相处并照料它，你就会发现许多有趣好玩的事。而它，也成了我们家不可少的一员。

何泓锐
写于四年级

带我下厨房吧

如今的孩子，人生最缺的一课就是"下厨房"。

会下厨房的人，真美。

我年轻的时候不够"美"，因为各种家务做得很少。但是有一样本事还算好，那就是下厨房。可惜，只会煮水饺和煮粉干。和太太恋爱的时候，我就常常下厨煮一碗粉干请她吃。你想，热热的，带着汤，西红柿和鸡蛋的色彩搭配，还有细滑的粉干，让吃的人心情大好，还不会爱上我？我们一起"吸溜"吃完，情感就更加浓厚了。结婚后，我不再下厨房，太太每每回忆起这段甜美的日子，总是说："你是用一碗粉干把我骗到手的吧。"——这可不是骗，下厨房真的是一种骄傲。所以，中国人常用"**上得了厅堂，下得了厨房**"来表达对这件事的认识。

我以此为骄傲。有了儿子后，太太对厨艺非常偏爱。没事的时候喜欢琢磨：这道菜肴怎么做？那个盘子怎么摆？这些食材有什么区别？制作工艺有什么讲究？我们招待客人，喜欢在自家的厨房。热热地做一道道菜，热热地吃下去，情感热乎乎的。妈妈示范的机会多了，孩子就会受影响。所以，很小的时候，妈妈下厨房，儿子就在旁边跟着看。后来儿子还爱上切菜、摆盘、调味、准备食材，总在厨房打下手。很多孩子对厨房的认识，都只是一个字"吃"。他不知道，吃之前，有好多过程要经历。如今，

有的家庭在厨房装修时，把它和饭厅分开来，隔绝了孩子和厨房的接触。也有很多装修，厨房和用餐的地方是通透的，看得见食物制作的过程，闻得到食物制作的香味，还能够随机品尝美食。这其实是在追慕古人，是在崇拜祖先。想象一下：在荒原上，在大漠中，我们的祖先不就是这样一边切割战利品，一边生火，烤火，最后一起享受美食吗？

　　关于下厨房后的作文指导，那可是一个大学问，有说不完的话题。但是，"大学问"要用"小技巧"来做，这样更便于孩子掌握。其中一个小技巧，居然是父母很反感的一类写作指导——记流水账。这其实是一种误解。流水账，还真不简单。最典型、最经典的流水账话题写作就是"厨房里有什么"。厨房里能有什么呢？让孩子认真看，然后细细写，看到多少写多少。还可以"比一比，看谁写得多"。跟谁比？当然是跟爸妈比了。统编本新教材中，从一年级起设置了"和大人一起读"这个项目，就是鼓励中国的每一个家庭，每一对父母，都参与孩子的学习活动，不要让孩子在学习中孤立无援。其实，写作也是一种合作，不要让孩子总是单兵作战。父母可以和孩子比一比，看谁发现的厨房里的物件多，看谁写得更细、更全。在这个过程中，"指导"有两种可爱的方式。指导，可以是"我胜过你，我告诉你我的方法"。父母获胜了，写得多，可以告诉孩子"我是如何发现的"。指导，也可以是"我输给你，我向你学习"。父母写得不如孩子多，可以请孩子告诉父母"发现的秘诀"——有什么方法。有的时候，让孩子骄傲地教教父母，是一个相当好的"反弹琵琶式"教学。有人说，最好的教学方法就是把学到的东西再教给别人，也就是"兵教兵"。这个环节，我们可以尝试这种方法。

好，重点说说如果爸妈胜过孩子，该如何指导，让他的流水账写得更有质量。**首先，我们要看懂"流水账"这三个字。"流水"就是顺序，流水就是一种周全、不缺损，写流水账，有利于养成严密的思考习惯。账，就是提醒你要写下的东西要历历在目，要勤于动笔，要时时注意记录。**指导一篇流水账，要注意两点。

其一，分类记录。厨房里有什么，不可以"见到什么就写什么"，要先分类再写。分类的过程，就是构思。例如，调味品为一类，厨具为一类，杂物为一类，餐具为一类，家用电器为一类……每一类名称，都作为"带头大哥"，之后分门别类写下每一类中的具体项目。这样，既不会遗漏，又训练了分类思维。其实，悄悄告诉你，这样写作也有助于**语文成绩的提高**哦。因为在考题中就有这样的归类题型。

指导的第二个要义是"明晰和精准"。厨房里这么多东西，孩子该怎样表述呢？流水账中我们要写下一个又一个的名词，希望名词和事物能够一一对应，准确地匹配起来。不要小看这一点，这可是硬功夫。例如，同样是锅，妈妈的厨房里锅就有很多种。孩子不能用"大锅""小锅""中锅"来写，可以用很精准的名词来区别它，写成"平底锅""炒锅""不粘锅""奶锅"……再比如，调味品中的醋，有"白米醋""陈醋""儿童醋"，还有专门的"寿司醋"……精准使用名词表达，也是认知成长、语言积累的必经阶段。这里给大家看一段示范，你想象不到一个孩子能够在厨房中写下这么多物件。如果是你家的孩子，这篇作文应该会让你惊讶：

我家的厨房里有：对开门冰箱、微波炉、水池、水龙头、净水器、热水器、窗户、煤气灶、抽油烟机、生抽、老抽、醋、鱼露、蚝油、花生油、山茶油、橄榄油、筷子、调羹、碗、盘子、菜刀、水果刀、小刀、剪刀、鸡骨剪、叉子、柜子、架子、篮子、电灯、面粉、饺子粉、油炸粉、嫩肉粉、桌子、平底锅、高压锅、不粘锅、电磁炉、鸡蛋、鸭蛋、孜然、咖喱、椒盐、白胡椒粉、黑胡椒粉、草莓酱、菠萝酱、苹果酱、盐、味精、糖、老酒、葡萄酒、热水壶、保温瓶、保温杯……对了，还有妈妈放的蟑螂药。

　　片段给人的第一感觉就是"流水账"。但这正是我们想要的。流水账，就是表达时最为自然、放松的形式。他们卸下心理包袱，一门心思只管往下写。写时思维是活跃的，记忆中厨房里的每一个物件都浮现在眼前，哪怕是角落里的蟑螂药也没有被遗忘。再一读，你会发现这样的流水账很有意思，能勾连记忆，有助于充实原始素材。例如写到"冰箱"，随即牵引出"微波炉、净水器、热水器、煤气灶、抽油烟机"等家电，虽然其中夹杂着"水池、水龙头"，但并不影响整体的思维连贯性，而小小的"跳跃"正是儿童思维的特征。再如写到"孜然"，顺带就写出了"咖喱、椒盐、白胡椒粉、黑胡椒粉、草莓酱、菠萝酱、苹果酱、盐、味精"，一系列调味品摆出来了，整个厨房就变得热闹和生活化了。有个孩子说：如果不是这样的流水账，我到老也不会发现厨房是这么有意思，像个宝库。流水账式的片段写作让孩子在第一时间下笔将记忆思维中的信号转化为文字。文字相互间有若即若离的关联，句式自由无限定，在完成的那一刻，迎来的必定是成功的喜悦。他们认为"这简直太简单啦"。经常开展此类练习，孩子在多次重复后，思维和表达的转化通道逐渐被建立，转化得更加顺畅，"一想到就能写下来"将成为条件反射，最终成为言为心声的有效表达。

　　如果你认识到下厨房的意义，那么，我们真正的指导就开始了，带孩子下厨房，在厨房里就有四类写作项目可以指导：

第一，可以写食材加工制作。

　　每一道菜，从食材成为菜肴，再进入我们的食道，都是神奇的变化过程。所以，著名的美食节目《舌尖上的中国》风靡全球。我们是否也能在自家的小厨房里，上演一部《舌尖上的家》呢？当然，每一道菜的制作对于家庭而言，更多的不是技巧，而是亲情；对于父母来说，不是炫技，而是施予爱意；对于子女这样的写作者来说，更多的是感恩的心，是清晰的步骤描写。写下的话语，更看重对读者的"服务意识"——通过你的表达，读者能够借助文字如实接纳，如约透过文字品味，如临其境复制操作。看上去只是一步又一步地叠加往下写，实际上这里体现的是孩子写作的匠心。指导就是对这份可贵的工匠精神的陪护。

比如说，煮冰冻的水饺，总是破皮，为什么？原来冰冻的水饺下锅之前，锅里的水必须烧开。这就是先后顺序，不能颠倒。如果是冷水下冰冻水饺，等到水饺煮熟、煮透的时候，就会有很多破皮的，我们吃到的就是一片片浮在水上的面皮，还有没有味道的饺子馅儿。每一次失败都能够为写作提供全新的素材。

第二，写劳动的姿态。

带孩子下厨房，父母操作时，孩子的任务就是观察与做笔记，这个要养成习惯。看看爸妈为自己辛苦劳作的状态，写一写妈妈在炉灶边翻炒的动作，写一写老爸颠勺的潇洒。有的时候，从热热的锅中取出炖好的汤，那样的表情，那样的紧张，非常值得写。这感觉，我印象非常深刻，满满的都是回忆。因为小时候多次看到爸爸不用夹子，直接用手从锅里取出热热的汤盆，对他很崇拜。拿汤时手臂上泾渭分明的肌肉，以及爸爸那淡定的神态，让我感觉他的手就是铁钳。我曾经也去尝试着自己碰一碰，没想到烫得我哇哇乱叫。也许是小的时候受过伤吧，至今我不敢去锅里拿汤盆。假如我是个孩子，把这些感受写下来，那将是多么精彩的一段话呀。所以，我很注重孩子和父母在一起的时光，总觉得可贵。

第三，可以写在厨房里的卫生打扫。

和其他地方的卫生打扫不同的是，厨房里的清洁工作特别讲究技巧。例如，用什么样的器具，以什么样的步骤，有什么独特的要点，这都是其他家务所无法兼容的，也是我们独立写出这一节的重要原因。素材的独特性，就有了写作的价值。在日复一日的生活中，倘若我们能够找到特殊的素材，真的应该感到幸运，父母要及时指导孩子把它开发出来，写成文章。这一点，和所有的爸妈共享。

最后，别忘了带孩子下厨房还是一种生活习惯的养成。

这种习惯中，有关于卫生的，有关于做事细致的，还有关于爱心的……各种各样生活所需要的德行，都在其间。举个小例子：在厨房里切菜，生的和熟的要分开，砧板要分开，菜刀要分开。这个习惯看上去很小，但是值得让孩子去关注，去写作。不仅是写到卫生的话题，更重要的是，可以通过这一个点生发开去，让他查查资料，多了解其他方面的知识。比如，生熟混用，将导致什么样的结果？甚至可以查到某些真实的案例，有的学校食堂的操作者因为生熟混用，而导致大批孩子腹泻……我相信，独特的童年写作一定会带来终生习惯养成的有益辅助。各位爸妈，在生活中就要做这样的引路人、启发者。

下厨房，就是最好的教学现场。

我们说了这么多在厨房中的写作指导，最后谈谈指导的"火候"。就像做菜需要讲究火候一样，下厨房指导，指导的时机、指导的方法、指导的心态融合起来就叫"火候"。最好的火候就是"做中学"。按照杜威先生的"做中学"理念，在厨房中指导就是在现场指导，就是一边做一边指导。方法很简单。"火候"的秘密也不是什么大秘密。关键看你有没有去执行。其实"做中学"的另外一层含义才是真的必须说明的秘密，那就是"示范"与"合作"，既需要父母勇于示范，更需要父母和孩子形成一种合作关系。至于"写作文"的所谓指导，实际上也是合作写的一种理念，指导就是思维的介入，就是方法的授予。

家就是你我合起来，家就是你我在一起，家就是我爱你。

小试牛刀—孩子佳作

何氏拌面

大约三年级的时候，我第一次下厨，做拌面。记得那回，我就是好奇。看到家里人总是做出好吃的饭菜，而且看样子很简单，不就是动动锅铲吗？于是，我满怀着好奇向妈妈提出申请。妈妈很爽快地同意了。

但第一次绝对没那么完美。

那一次，我就是做拌面，因为我总喜欢吃拌面。结果是，面虽然没熟，味道也不好，但我吃起来，感觉很爽，觉得自己做的味道最棒，因为老妈常说：家的味道最香。

四年级的时候，我没少下厨，都是跟着老妈打杂。我的厨艺还是那样，没什么长进。但凡是吃过我做的各种饭菜，特别是拌面的人，总是夸我。慢慢地，我做的拌面还有了招牌，叫——何氏拌面。很简单，因为我姓何。

转眼间，我读了小学五年级。暑假的时候，爸爸买了一箱干拌面送给我，让我好好去实践。一天晚上，我想了想：该轮到我表示表示啦。准备在第二天一早，全程自主，做一碗拌面给爸爸、妈妈吃。

一大早，还是静悄悄的时候，我就来到厨房。记起来妈妈教我先调好酱料，但我始终记不得该用什么酱料。我回到卧室，问问还在睡觉的妈妈，她迷迷糊糊地说出"花生酱"三个字。我追问："除了花生酱，还有什么？"妈妈继续说："那还用问？不就是盐巴、酱油、味精之类的吗？这些味道必不可少，吃都吃得出来啊！"

我记在心里，回到厨房，一一照做。调好了酱料，然后，煮水下面。我的动作比较粗鲁，其实是因为担心，更多是技术不够吧。等到水开了，我远远地把面扔进锅里，溅起了一些开水花。正在惊慌的时候，没想到妈妈神不知鬼不觉地已经到

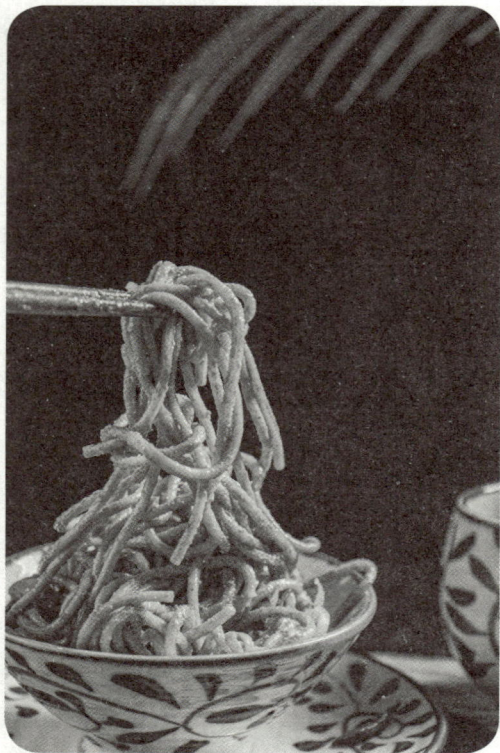

了我的身后，她小声叮嘱说："放面，有什么好怕的？走近点，轻轻地下。要小心热水，溅到身上怎么办？"我的心里有小小的一丝不服气，但也觉得自己太搞笑了，刚才的动作，好像在投弹演习。

什么时候捞面是我觉得最难控制的。面刚下过没几分钟，水面上直冒泡，我便急匆匆地把它捞上来。妈妈说，看，面还没熟呢。我一看，咯咯咯地笑着又把面放回锅里，继续煮一会儿。又过了一会儿，我再次捞起面，这次一看，面条明显有一点宽，有一点软，可能是煮过头了吧，但一定是熟了。我把面捞起来，拌好了酱料，递给了刚到厨房的老爸。

还没吃，闻起来就很香，就是街边小店里的味道，看来，关键的花生酱起作用了。老爸吃得很香，还没三分钟，已经解决了。而且老爸一边吃，还一边说："我觉得啊，吃面关键在于吃心情。这面，不管怎么样，是儿子做的，就是好吃。"听了老爸的话，我心里很美。

说实在的，至今我还是不怎么会做饭，但很多时候还是会打下手，为家人分担。说实在的，至今我并不是传说中的那么爱劳动，但煮个拌面，也绝对是拿手好戏。毕竟这个是练了两三年了，算是绝活。

何泓锐

带我去旅行吧

名师指路 —— 写给家长

这几年，身边越来越多的人喜欢旅行。

我们家从有孩子起，就有旅游的习惯。每年的寒暑假，我们几乎都要外出，每次外出，基本上都要带着孩子。后来，我们变成为了孩子而外出，让孩子挑选目的地。

旅行，成了我们对儿子一个学期刻苦学习的奖励。旅行也是我们对他成长的特殊陪伴，成了对他的一种承诺——带你看世界。所以，小时候，他的护照已经更换过，上面又盖了许许多多签证的印章。不要小看这些，儿子感觉很自豪，还有点得意，每次旅行回来他都会将外出的感受制作成幻灯片，在班级中分享。

有一次去埃及旅行，他的分享引起同年段伙伴的关注，后来居然扩展为全年段的分享，掀起不小的轰动。当他享受着来自全年段小朋友惊讶的目光时，他说："我只希望用这种方式，和大家一起再次出去走一走。"他居然把我们和他说的话记在心里、用在这里了。

出行本身不是为了写文章，但出行一次，能够写下无数文章。

出行是最好的写作指导的时机。我们家的出行计划，基本上由太太负责。从组团开始就决定了指导的有效性。组团是有讲究的。不管团员是谁，有一条是必定要有的——有儿子的同龄人。最好是他的同学，或是他认识的同伴，实在邀约不到也必定要有一

个年龄相仿的。有了这个成员，很多时候你会变得轻松而且收获许多意外的惊喜。在整个外出的过程中，他们能组成表达伙伴，说孩子感兴趣的话。

孩子旅行不怕累，就怕没人说话，没人做伴。很多爸妈担心：这个同龄人的品行不尽如人意，会不会给自家的孩子带来负面影响？如果那样岂不是得不偿失吗？例如，自己的孩子原本没有沉迷于手机游戏，团队中的另外一个孩子成天抱着手机、电脑，忽略了风景。自家孩子会学他的样子吗？又如，自家的孩子言语比较文明，而团队中的成员却口吐脏字，那不是严重的语言污染、可怕的负面影响吗？这个风险确实存在，但也不必太过在意。告诉大家：天下没有所谓的"好团队"，只有供我们成长的团队。**成长，就是让孩子在与他人的交往中自己去辨别，自己去选择**。他若对自己的要求是严格的，就会喜欢靠近真、善、美。他如果对那些不干净的东西感兴趣，只能说明孩子自身的审美品位低，就需要引起父母的高度重视，父母应该寻找机会帮助孩子改正不良的习惯。所以，团队中的各种影响，仅仅是照镜子而已。

有一次旅行中，同团的一个孩子进餐的时候，当众说自己父亲的丑事。当时，儿子就抬头看看我，给我一个眼色。我们俩心照不宣。事后，他告诉我："爸爸，那个孩子真不应该，居然在这么多人面前说自己爸爸的坏话。即便爸爸有问题，也应该为他遮掩。你不是说孔子也是这样认为的吗？"我说："孩子，你做得很好。你可以找一个适当的机会去劝劝他。"看出来了吧，只要跟自己的子女说清楚，有约在先，他一定能够在各种的经历、环境中，获得成长的动力。所以，我们的观点是：组团，就是一种预备，就是打开了解的通道，是对即将形成的环境做充分预估。在出发之前对子女有周全的告知，对即将遇到的情况有周密的预知，"凡事预则立"，就没有什么可担心的。别人家的孩子是别人家的父母需要操心的，你能够教育引导的就是自家的孩子。你无权也无力去干扰别人的家庭教育。当然，你可以给朋友提出建议，但不要抱太大的希望。一切转变都靠自己。

接下来说说，在旅行之前、旅行之中以及旅行之后的家庭写作指导要诀。

关于旅行中的指导，不是"说走就走"的武断，是一种思想在先的全程引领，是有计划的目标达成。带孩子出行，不要受时尚信息的影响，我们主张统整式考虑，而不是莽撞草率凭着性子而为。因为家庭旅行承担着养育子女的责任。

第一，在旅行之前，可以指导孩子"阅读＋写作"。

可以让孩子事先规划本次旅行的路线，提出旅行的建议，做出本次旅行的提醒。也许你会说：我们都还没出发，孩子怎么知道目的地是什么样的？我们自己都没去看，他又能如何为我们做出规划和提醒？很简单，提供给子女一些阅读材料。开启行程之前，旅行社都会发行程单，这是一个重要的参考。同时，网络时代，到处都是信息，到处都是资源。我们家的习惯是，每去一处之前，购买旅行家写的关于那一处的相关书籍，特别是"驴友"的相对专业的旅游书籍。书中整合了目的地的各种信息。提前阅读，提前接触，如同写作前的观察与准备，是非常必要的。因此，出发前家长的指导可以有两种：

一是提供材料，确保孩子能够获取信息。

二是给予刺激，帮助孩子将材料转化为写作行动。

例如，有一年我们全家去土耳其，出发之前我们就跟孩子约定：为本次行程写下旅行计划。如果写得好，就按照你的计划旅游。我们给他提供了行程单、目的地的旅行书、下载的图片。果然他按着行程单，结合旅行书中的信息，做出了行程计划。其实，他的计划和行程单中表述的是一致的，但我们告诉他："你的计划做得真好，我们就按照你说的去旅行。"就这样，在还未出发前，他就写下了二十多篇的《土耳其旅行计划书》。（瞧，写作并不是像你想象的那么困难。）计划书太生动了，包括土耳其的钱和人民币如何兑换；包括著名的棉花堡旅行该注意些什么；包括我们将入住的洞穴酒店会有怎样的风景；包括当时土耳其的社会环境提醒。因为在旅行之前，外交部特别发出声明与提醒，他煞有介事地转达了这条温馨提示。我们暗自好笑：一切尽在掌握。有儿子如此认真操作，过程让人觉得是那样有趣和温馨。

第二，旅行之中，可以指导孩子"观察 + 写作"。

观察些什么呢？四个字"风土人情"。

所谓"风"，指的是当地的风俗习惯、生活情况、各种各样与众不同的小细节。到一个新的地方，最让我们感兴趣的无外乎是当地人的生活，包括他们的饮食、起居、交通、服装等，光是这个"风"字，就有写不完的内容。每一项都值得结合实地情况，指导孩子用心去观察。

所谓"土"，指的是当地的环境。这里重点指当地特有的景致。例如，我们在菲律宾看到海水是那样蓝、那样清澈、那样富有生机。鱼儿成群，色彩斑斓，还一点儿都不怕人。这和我们生活的城市福州所能看到的海完全不同。想象一下，光是对海水的描写，就足以成为一部巨著。

所谓"人"，自然是旅行中"我"的感受。旅行就是切身体察的过程，自己的经历、自己的见闻、自己的内心变化都是最为真切和强烈的。爸妈可以鼓励孩子注重写出自己在本次旅行中独特的收获，当然也可以适当关注团队中其他成员的各种有趣言行。毕竟在旅行过程中，时间那么长，团队成员在一起，大家的交流都构成了话语环境，成为写作的对象。所以，对"人"的理解并不单纯。

所谓"情"，就是注重旅行中的情感、情怀、情意。特别是面对异国风景、异地风光，产生了怎样的情感，直接让孩子抒发出来；和团队出行，拥有怎样的情谊、互相之间帮助的故事，也可以表达出来；经过一次旅行，对人生有怎样的改变、拥有了怎样的情怀，也可以写出来。其实，即便是在漫长的坐车过程中，同伴分给你的一份零食、买水时为你带的一瓶矿泉水，都足以让人感动。要引导孩子写出来，珍惜这份在旅行中产生的情感。

第三，旅行回来之后，指导孩子"回忆 + 写作"。

旅行中，如果你写下了观察日记，那么回来后的回忆就是一种整理，对日记的整理、对图片的整理、对文字和图片的重新整合。有了整理，你的旅行将成为人生永久的记忆。可是，大多数孩子没有在旅行中写日记的能力和习惯。**我们心里很清楚——这真的是需要一种能力。准确地说，是需要一种毅力。**

孩子在旅行中易疲劳，太多的刺激，外加对时间的规划安排，都是很伤神的。更何况计划往往赶不上变化，行程经常被意外改变或打断。在这样的情况下，坚持旅行中写日记，真的需要强大的毅力。好吧，真的没有写日记，回来之后还可以在爸妈的指导下，对过往的旅程进行梳理，用文字予以定型。很多人旅行中只顾拍照，所以旅行过后，这些照片就成了唯一的痕迹。而往往照片过多，也没有心情整理，最后留下一两张成永恒回忆，其他删除了事。如果你指导孩子留下一段又一段的文字，这个旅行就在文字中复活了。父母的指导有三种：

第一种，辅助孩子回忆。当他想不清、记不起的时候，爸妈可以一起聊一聊，让这段记忆重新复活，至少变得清晰。

第二种，欣赏与互动。为什么他不愿意回忆呢？因为没有人去搭理这段过去的日子，没有人欣赏与互动。爸妈不断地欣赏，子女的点滴回忆就如同遮掩的窗帘被拉开，回忆就越来越明显，表达也就有了动力。

第三种，帮孩子进行电脑储存。文字写出来，再输入电脑，打印出来，真像出版。让孩子带着打印件到班级中进行分享和传阅，就是最好的鼓励。

好了，可以说在旅行中有写不完的话题。

再强调一下，父母该怎么指导更有利于孩子把文章写出来呢？

有三种方法。

一是鼓励，不停地鼓励孩子去书写。例如，在埃及的旅行中，每当回到旅店，我就鼓励儿子及时记录这一天的旅行，写下日记；上飞机前有漫长的等待时间，我鼓励孩子在机场写下旅行回忆；飞行中有 11 个小时的时间无法打发，我鼓励他在小餐桌板上继续书写。所以，他写作的身姿成了整个团队最优美的风景，他被鼓励后更加信心满满，更加专注。这就是一种"观众效应"。

二是指引。有的时候孩子能够自己发现，有的时候需要大人给他指引。例如，指引他观察发现"土耳其的蓝"，你可以说："你发现了吗，这个国家有一种颜色非常美，很常见。"你可以让孩子集中对颜色进行关注。又比如，埃及的金字塔各种各样，大小不一，你可以让他去关注、去对比。还有，马来西亚的人分为不同的种族，他观察后发现：原来这里是一个多民族聚居的国家。孩子的关注点和大人不同，在大人的陪伴过程中，可以分享发现，可以有意识地指导他专注一个点，也可以追踪一条观察线索。

三是对话。最好的指导就是对话。对话指导源于苏格拉底，数千年前就已经成为一种教育的途径。而今天，我们更应该传承。如果平时爸妈跟孩子说话的时间较短、机会较少，那么旅行中更应该打开话匣子，好好地聊聊。整个行程中，我都选择和儿子同坐，一路上有说有笑，即便行程漫长我们昏昏欲睡，姿势也是最美的"相拥而眠"。那种感觉相当难得，我总是在想：等他长大后，可能再也没这个机会了。所以，我分外珍惜。

各位父母，只要你有心，能做的事情很多。带孩子去旅行吧，这是你把他带到人世间后可以做、必须做的事。

小试牛刀—孩子佳作

重游吴哥

说起柬埔寨，不得不提一个人和他的一本书。1296 年，我国元朝特使出使吴哥王朝，一年时间，他写下了《真腊风土记》。1819 年，雷穆沙翻译了《真腊风土记》之后，有学者于 1860 年在东南亚找到了荒废已久的吴哥城！

五年前去吴哥那些模糊的景物——古城、吴哥寺、黎明日出以及那里的百年老树，又浮现眼前。那些老树巨大的树根、粗壮的树干，充分体现了它强大的生命力，而除此之外的印象却那么不清晰。

也正是因为记下的不多，这次寒假，我们一家才决定重游吴哥。

出行第二天，我们一行人就前往吴哥最经典的景区——大吴哥、小吴哥。

大吴哥占地面积九平方千米，四周的护城河像海，城墙如山，因为传说中神仙就居住在大海中的山上。在宽阔的护城河上，架着一座通向大吴哥南门的桥。善神与恶神石雕一字排开，在大桥两边都做出了拔河的动作，栩栩如生！这组雕像的创意来自吴哥古代的神话——搅动乳海。

城墙虽然高大，但城门窄小，双向通行很不方便，不过这似乎是在让我们慢慢走，欣赏古迹的细节之处。好不容易"挤"过城门，又坐车来到大吴哥中心，巨大的巴戎寺出现在大家眼前。

远看，它如同一座石头堡垒，坚不可摧。到近处细看，墙上的壁画格外精致，且凿得很深，很有立体感呢。

走进巴戎寺，眼前出现的是一串串门框，站在里面拍照，好像走进虚幻空间。往左走是一幅长卷，那壁上刻了古代士兵出征打仗的场景：前面有冲锋陷阵的战士，后方有帮运粮食的人们，中间还有骑大象的将军，充分勾画了一幅战争场景。再往里走，是一根根柱子，把房间分隔得像迷宫一样。

上了楼，可以看到49根尖顶的柱子，柱子的四面都雕刻着微笑着的国王头像，这代表着人们把国王当神一样供奉。这尊佛像的笑容最为迷人，也被人们誉为"吴哥的微笑"。妈妈在这尊佛像前久久凝望，出了神一般无法挪动脚步。

我们在巴戎寺上照了几张相，就快步移到另外一个神庙——卧佛寺。通往卧佛寺的阶梯很陡峭，都有85°斜度，孩子不能上去，所以我没看到上面的景象。

斗象台对面是十二生肖塔，我们一边参观，一边吃着冰激凌。想到在家乡正月初三本是大冷天，我却有这个享受，真是太棒了。看完这些景点，我迫不及待地去吃午餐，接着去小吴哥咯！

过了中午，我们乘车前往吴哥窟，也就是小吴哥。小吴哥的占地面积只有0.8平方千米，与大吴哥比真是小巫见大巫啊。"大吴哥是一座城市，而小吴哥指的是一座寺庙。"——听导游这么一说，我就明白了。小吴哥同样也有一条护城河，我们是从浮桥上走过去的。

过了河，小吴哥周边有一种树，那树上的花可以流出棕糖水，既可口又解渴。我们人手一杯棕糖水，品尝着古老的吴哥滋味，从小吴哥的正门走了进去。

正门里，有一尊八只手的毗湿奴神像，仿佛在迎接我们。

绕过它，就看到一条四五百米的引道，直通小吴哥主体工程。工程这样宏伟，好像让每个人都有尊严地走过这条引道。

快到引道尽头处，左边有一个莲花池，池里浮着朵朵莲花。在莲花池边拍照，可美了，可以拍到小吴哥的五座塔与它们的倒影。

过了莲花池就是吴哥寺，首先看到一条回廊，墙上的壁画，画的是宗教故事，我记忆最深的是《罗摩衍那》中猴子兵与妖怪打斗的情景，因为猴子兵源源不断，所以战胜了妖怪。

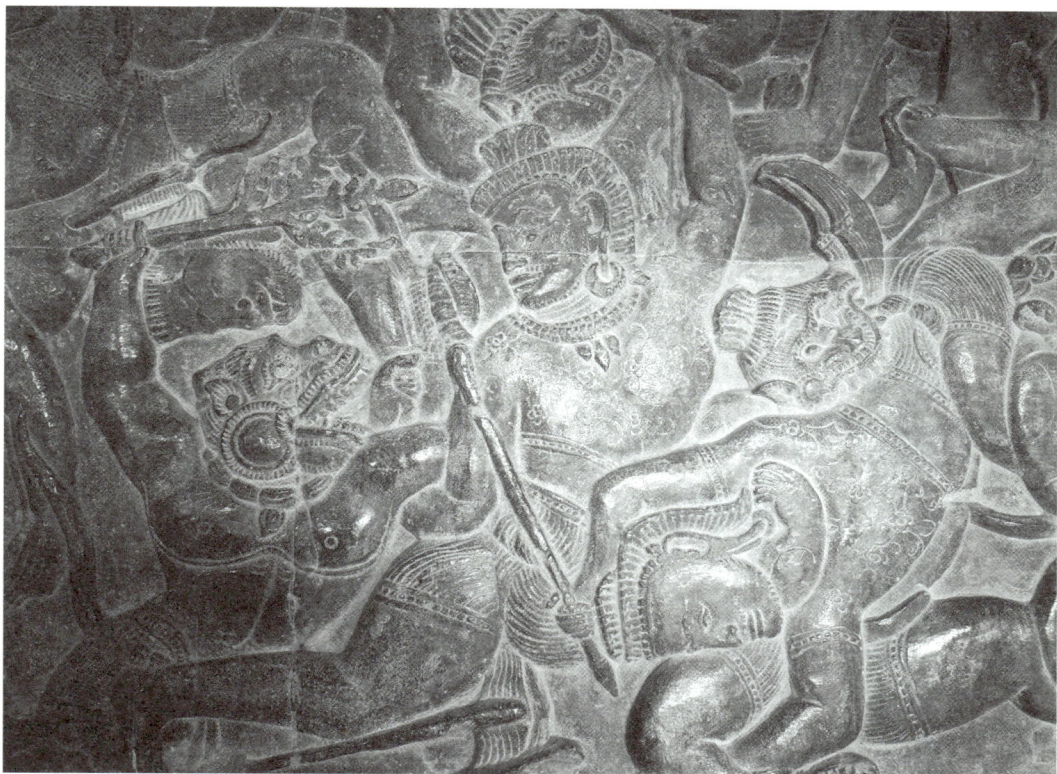

看完了吴哥寺的塔，我们走下平台，一路上都有壁画石雕，虽说比起大吴哥的巨型雕像，这里是雕琢很浅的壁画，但其雕刻的工艺非常精致。

出了吴哥寺，又走回引道一旁，许多猴子争着抢人们手里的食物，这不禁让我回想起猴子大战妖怪那段壁画。我们回头眺望，吴哥是那么美轮美奂，不禁赞叹：这真是吴哥王朝最宏伟的建筑。

何泓锐

写于五年级

带我布置房间吧

名师指路 — 写给家长

　　家里装修，都是父母一手操办。因为在买房子的时候，可能孩子还没有出生。有的时候装修晚了，因为孩子很小，不希望耽误他的学习，所以很少让孩子参与装修。

　　可是，越来越多的孩子都有了自己的房间。至少，在家中都有自己的独特区域。人，是以区域的独立性来表示存在的。所以，我们是不是缺失了孩子成长中非常重要的一课呢？

　　我采访过不少孩子，他们都非常希望能在自己的独立空间中，自己做主来装饰。布置房间或区域的愿望，不论父母是否看到，一直在其潜意识中强烈地存在，只是在等待春暖花开的唤醒。不要让这个成为遗憾，请父母陪伴孩子经历装饰房间的全过程，圆了他们的梦吧。

　　只要你真正带孩子参与，就会发现：这是一次非常完整的全程式写作指导。它几乎涵盖了一篇文章从构思到写作，再到修改的全套流程。

　　带孩子布置房间，当然不能盲目地开始。

　　可以用一些时间跟孩子聊聊：我们到底要把自己的房间布置成什么样子。孩子的天地自然由孩子做主，但父母并不是放任自流。你可以和孩子聊天，告诉他布置房间要想清楚再开始，孩子必须说出自己的构思——如果他希望把房间布置成自己喜欢的

样子的话。**这个时候，父母以倾听为主，也可以提出自己的建议，毕竟这件事情需要双方协商，统一认识后再开始。**父母通过这一步，了解孩子的心意，以便后续提供帮助。虽然此时还没有动手，但意义非常重大，甚至可以说起到"牵一发而动全身"的决定作用。因为这就相当于写作前的重要环节——构思。

构思先行，是我们在家庭写作指导中最为强调的一点。

缺乏构思随意乱写，或者为了写出一定的字数而用惯性思维不断地叠加内容，这都是不良的写作习惯。为什么会有这样的习惯呢？就是因为缺乏对构思的重视和构思锻炼的实践经验。而现在，我们通过跟孩子一起协商装饰房间的问题，就是给了我们构思的锻炼机会。**在写作前必须完成构思，这基本要形成一种强烈的意识，在每一次写作中予以渗透。**

关于构思，可不是简单地说说"你想做什么"，因为，笼统就是无效的根源。

首先，构思是一种布局。先写什么，再写什么，围绕着主题怎么安排，所有的细节都要在聊天中涉及才好。布局得当，文章品格就高；布局一般，文章就是字数叠加而已。所以，构思的结果决定了文章品质。

第二，构思就是一种写作目标的确立。到底要通过写作达成什么、实现何种目的，在构思的时候就要有比较准确的目标。整个写作，其实就是目标达成的过程。参与构思，就像行船时把舵一样，决定了文章写作的方向。

第三，构思决定了素材的使用。围绕着目标，怎么用这些素材呢？哪些素材可以用，哪些素材可以重点使用，哪些素材即便有也不能用……构思，就像厨师在烹饪之前对原材料进行处理与计划一样，充分的构思等于用思维进行了一次原材料的加工。

第四，构思还决定了文章写作的语言风格。本次写作的目标是什么，就决定了要用什么样的语言来写，这都是构思的时候要让孩子明确的。例如，我们需要说明物件，那么写的时候就要用平实一点的语言风格。我们要抒发情感，那么写的时候就可以用一些煽情的语言，进行散文化的表达。语言风格在构思的时候就基本确定，充分考虑文体特质的语言风格构思，就是为文章描摹样态，在心中看到文章写就后的图景。

第五，构思还决定了修改。因为构思的深入、持久以及完善，决定了作文修改的时候应该在哪些地方着力。关于这一条，下文随即就讲，此处暂且搁置。

带孩子布置房间的第二个步骤是"准备材料"。

根据对布置房间的设想，我们要跟孩子一起准备材料。有的材料需要购买，有的是家中的物品再利用，有的是即兴创作。总之，整个过程无疑是最佳的亲子互动过程。**父母在这个过程中可以得到哪些写作的启发呢？我们认为最关键的是"如何选材"上的启发。这也是家庭写作指导中的重要一环。**

选材就好像择菜。一把青菜买到手，不能不经过选择就全部下锅。必须进行选择。那些黄叶、烂叶要摘除，好叶要留下。在准备材料的过程中，会不会选择是关键。前文我们简单提到素材的"选择"，这里追加重点说说素材的"排序"。材料这么多，什么先出现、什么后出现，顺序是要进行排列的。有的材料先出现，有利于目标的达成；有的材料后出现，能够起到意想不到的表达效果。关于材料的排序，并不是简单的罗列，也不是顺序叠加。有计划地设计，充分发挥材料间组合搭配的效果，才是要点。有时候，每个材料都好，但是放在一起却不大好，材料间互相对冲，抵消了作用。**我们要指导孩子学会安排，让材料与材料之间互相融合，合理配搭。简单地说，有的时候你详我略；**

有的时候你重我轻；有的时候你我并列出现，大家都差不多；还有的时候，你先我后，但是随后你又再次出现，我们形成一种呼应……安排材料还真是一门学问，就像你为布置房间准备材料那样，过程也是让人兴奋的，不亚于开始动工。

接下来，就要真的动工啦！到了动手布置的实际操作环节。

孩子的房间，不管大小，总是分区域的。一个区域到一个区域，有条不紊地布置，一个材料到下一个材料，按部就班地装饰，急不得，乱不得。这时你会体会到之前充分构思的作用。落实到写作上，全程式写作指导就非常主张"一段一段往下写"，每一段的写作，都伴随着父母的参与。很多人会觉得：这不是一种干扰吗？实际上，我们更加认定这是家庭写作辅导中独具的特色。父母可以想一想：既然孩子往常有那么多的时间，需要独立完成全篇写作，为什么不在亲子协作中拥有一份父母参与的温情呢？得到一份指导，也许正是他们需要的呢。细致入微的关怀，就是在孩子学习困难时送上的温暖。毕竟，孩子是在学习写作，不是作家在创作。要放手，也要辅助。"扶"之后"放"，才是科学的。

这个阶段最考验父母的指导实力啦！

文章是一段一段地往下写，父母要一段一段教给他。你的"教"可以是讲授难点，也可以是辅助修正，提醒他存在的问题，或是开启思路，让写作顺畅推演。例如，孩子写下一段话后，可以让他自己读一读，在文字上做好调整；又写下一段后，依然可以让他念一念，对比前一段看一看，发现段落和段落之间的关联，做好衔接与调整。之前，我们主张定好写作目标，如今就能发挥作用。所有的调整都要为达成目标服务。当全篇写完之后，还可以提醒孩子看一看：哪些段落写多了，哪些段落写得不够；哪些段落文字写得过于花哨，和全文风格不符合，这可是一段一段写中最常见的问题——个别段落太突出，用的修辞手法太多。此时，都需要调整。

如果有哪些段落写得过于平实，没有展示出应有的风格、水平，不能为表达服务，还可以美化。段落之间如果不能形成比较完整、统一的风格，而是各自为政的话，就到了融为一体的焊接时刻啦。这一切，通过父母的及时介入，能让孩子感觉到安全、有依靠。不要忽视孩子写作时的安全感，因为"安全感"是写出真话、写好作文、爱上写作等一切你希望看到的美好结果的心理基础。

你以为到这里就要结束了吧？不，家庭全程式写作有修改环节，我们布置房间还有调整与维护阶段。

在第一轮布置结束后，就是日复一日地破坏这样的艺术的生活状态。带孩子一起布置完房间，我们还需要不断地在细节处调整，在日常生活中维护。罗马不是一天建成的，房间布置一次，并不是"终结版"。你可以和孩子一起坐下来，静静看一看合作的艺术效果。还可以聊一聊，哪些地方可以做得更好。作为父母，有一个优势，就是能针对细节做好调整，让局部的细节与整体的设想风格更为统一。此外，今天做完了并不代表一劳永逸，日常还要注意对房间进行打理和维护。这些都是父母要带着孩子一起参与的事。如同写作，在此我们针对修改做一些分享。

修改就是要调整各个细节，使之与整体合拍、和谐。例如，最简单的修改就是让语言文字更加通顺达意，减少差错。更有意义的修改是对文章布局的调整，简称"改构思"。这就回到本节开头讲的构思环节啦。构思中，我们对各个部分做了安排；修改时，我们更要回忆起构思时就做出的通盘考虑，再次唤醒对文章的整体布局计划，大胆地在较大范围、较大板块中进行调整。有了细枝末节的文字修改，有了处在上位的段落板块的整体变动，修改才算完整，也才是高品质的修改。

如同布置房间，定格之后还可以破格。一段时间后，可以和孩子一起搬动家具，更换装饰物，让自己有新鲜感，提升对生活的满意度。假如有一天，来参观孩子房间的同伴惊呼："哇！你的房间真有个性！太特别了！"你会和孩子一样感到欢喜。

作文，不也是这样——写出让人接受、让人喜欢的文章嘛。

小试牛刀——孩子佳作

整理我的房间

我的房间里藏了许多东西。例如：一大袋子的奖状，各式各样的衣服，当然最多的是满地的乐高。

自从上了小学，我便对乐高产生了兴趣。每当大人问我想要什么礼物时，我要的礼物，只有乐高。于是，慢慢地，乐高在我的房间里堆成了小山，几乎摆满了整个房间。而原先的小天地，也渐渐由简洁、整洁变成了凌乱。像我这样忙碌以及有点小懒惰的人，可不会主动整理哦，所以，有一段时间，房间拥挤到我无法坐下来拼装乐高。

妈妈看到我的房间这么乱，总是对我说："你看看这个猪窝，赶快整理吧。"而我，总对妈妈的激将法无动于衷，这边说着："好，好，好，马上就整理。"那边不管不顾，继续做着自己的事。

终于有一次，妈妈决定动手了——带着我一起整理房间。不过，准确地说，是看着我整理房间。起初，我还以为整理房间是一件很容易的事，把这里的乐高堆放到那里，把那里的东西移动到角落。可半小时过去了，妈妈进来看了看，笑了笑，说："哇，你的房间，怎么从猪窝变成狗窝了？"我这才认真一看，确实，整理完之后，基本上没有什么变化。我满脸羞愧，心里想：唉，整理个房间怎么这么难啊！

我站起来，妈妈让我不要着急，她跟我

53

一起整理。

她叫我先把所有散落在地上的乐高零件，按照不同的种类放回盒子里，这样很快就空出了一块小小的"地盘"；之后，又到书桌前，整理起我随意摆放的书本，放回书架，这样书桌的空间又被腾出来；随后，把我扔在地上的衣服放进了洗衣篮子里，地上瞬间又有了新的"领地"；最后，把床铺好，把床上散落的东西全部归整起来，收到橱子里。不出二十分钟，房间变得干净、整洁了。

我很高兴，妈妈也很满意。我在整洁的房间里睡了个午觉，醒来后，我躺在床上想：妈妈能把杂乱的房间整理好，那是平时做家务留下的经验。而我自己的房间都乱七八糟，也没法单独整理好，那是平时养成的懒散习惯。妈妈还有她的工作，还要做其他各种家务，多累啊，每天都睡得很迟。而我，除了学习外，就没别的事了，真的应该多关心妈妈了。

何泓锐

带我去看病吧

看病，是谁都不乐意做的事。真正到了孩子生病的时候，父母带孩子去医院，谁都不会想起写作指导这回事，因为无暇顾及，孩子也无能为力。

生病的人最大，健康压倒一切，生病的时候最需要的是休息和调养。有谁真要在这个时候进行写作指导，一是很残忍，二是很无知。孩子病了，别说写作，就是生活似乎也按下了暂停键。一切等病好再说。

那么，我们不禁要问：为什么有这一节"带我去看病"呢？

其实，这源于我跟儿子的相处经历和感觉。小的时候他生病了，我们要带他到儿童医院就诊。他哪里知道，婴幼儿时期，他可是个"老病号"，一出生，就到新生儿监护中心住了一周。我和太太在家里失眠一周、流泪一周。

长大一点，也常去妇幼保健院、儿童医院。我们第一次当父母，凡是孩子有问题，总是求助于医院。可是，当医生问到他的病情时，他总是支支吾吾，说不清楚。一旦说不清，只剩下哭闹了。当然不怪他，那时候他还小。可是长大以后还这样，就不仅仅是性格问题了。的确，他比较内向。带他到医院，他也不喜欢跟医生交流。所以，每次被询问病情的时候都是由家人代言——那时候，我就萌发了写这样一节的想法。

幸好，小时候他得的只是感冒，流出了清清的鼻涕，流出了黄黄的鼻涕，咳出了

浓浓的痰，咳出了白色的痰……医生和我们一看就知道是什么问题。再加上太太很细心，昨天吃了什么、穿的什么衣服、做了什么事、可能诱发病情的原因是什么，一说，医生就清楚。于是，医生刷刷刷地开下了几味药。时间一长，这些药我们都熟悉了，看来看去还都有点相似。不是说笑，幸好仅是如此。

我们不禁在想：要居安思危。真要有一天我们没有陪他去看病，而又有一些古怪的问题缠绕着他，他是否要学会自己和医生说清楚呢？

我们听说过许多误诊的故事，那都是没有说清病情、讲清病因所致。所以，不能全怪医生误判。我们还听说"过度医疗"的问题，不管什么病，只要不清楚就先用医疗器械检查。如果孩子能描述清楚病情，不就能最大程度避免这些无谓的损失吗？

所以，我们诚心诚意地为天下的父母写下这一节——不要临阵磨枪，要在平时把枪磨得锃亮。

围绕着"生病"这个话题，在"生病前""生病时""生病后"三个环节，通过写作，可以给孩子有益的指导。

> 在针对"生病前"的回忆和整理中，可以写的是一段"生活的回忆"。

都说病从口入，在生病前的那一段日子里，让孩子回忆：你都吃了些什么？特别是生病前的那一天，你吃了哪些特殊的东西？很多孩子在放学路上，随意购买零食，那些辣条啊，薯片啊，糖果啊……一口接一口往嘴里塞。而且，孩子又缺乏喝水意识，很可能当天晚上就会喉咙发干，半夜就开始发烧，第二天就一病不起了。还有的家庭饮食习惯很特殊，长期给孩子吃某一类型的食物，导致孩子体内湿热不除，淤积堵塞，阴阳失调，病，就随之来了。

所以，让孩子做一段生活回忆，写一写生病前的饮食、生活等情况，能为排除病因起到作用，对治疗是极为有益的。此外，生病前那段生活的起居情况、活动安排、着装情况等，也是回忆的要点。中国人讲究适时而生，适时而长，顺时而动。什么时节穿什么衣服，着装要根据时令节气，不能任性。可是受到潮流影响，有时候为了追求时髦，孩子穿了露脐装、露背装、露胳膊装等，受凉了自不必说，也影响身心发展。

还有的时候是源于无法抗拒的因素。例如，学校活动安排，需要穿校服，但天气突然变冷，孩子受不了，一下子就冻感冒了，这纯属意外。还有的时候穿得还挺保暖，可是遇到上体育课，运动完之后浑身大汗，湿漉漉地捂住，一整天下来也没有换干衣服，回到家就病了。对这些生活细节的回忆，能够帮助我们找到病因，也能成为写作素材。

写回忆也是一种很常见的写作训练内容。还有一种特殊情况，也属于写回忆，那就是回忆自己的病史，有些孩子年纪不大，却有了常年不离身的老毛病，凡是遇到同类情况，必定发病，这样的就更加值得写一写了。写自己的老毛病，就是给自己提醒。例如，动不动就咳嗽，动不动就喉咙发炎，一碰凉水就感冒，少量吸入花粉就哮喘，等等。这些老毛病啊，我们都可以回忆。通过写作，整理记忆，发现问题。

针对病情加重之时，可以着力的，也是最重要的指导，就是要讲清病情。

能讲就讲，能写就写，看情况而定。但有一条是肯定的：日常，可以通过写作指导和练习，对"讲清楚"这个能力进行专项训练，以备不时之需。可以让孩子集中地表述一种特殊的感觉，类似生病时那种独特的感受。

例如，光讲出"喉咙痛"还不够，因为关于"痛"有很多类型。有的是刺痛，像针扎一样；有的是干裂的痛，像撕扯开来一样；有的是阵痛，一阵一阵地来，有一阵没一阵的；有的是酸痛，那是疲劳引起的又酸又胀的痛……不同的痛，代表着不同的病因，也对应着不同的药和治疗方法。所以有个词叫"对症下药"。这就提醒我们，日常可以让孩子积累不同的词汇，进行更为精准的表达。孩子偶然间吐了一口痰，让他自己观察，痰是清还是浊，是黄还是白，是浓还是稀。不同的痰代表着不同的病，可以让孩子去区分、去表述，就在"有情况"的当下，就在这个"发生的现场"。

其实，这些做法不仅仅是为了写清病因，更是一种写作用词的"精准表述"方面的指导。再比如说头晕，到底是昏昏沉沉还是天旋地转，说不清问题就严重了，因为这是有重大差别的。孩子经常对妈妈说："妈妈，我头晕了。"实际上就是感到头昏，睡一觉也许就好。但是有的孩子真的是眩晕，他也只对妈妈说："我头晕了。"妈妈没有引起重视，而他其实已经是天旋地转，难以支撑了，意外就有可能发生。

在病中除了讲清楚生病的独特感受外，还可以讲清自己的特殊要求。我们强调的"讲"，落实起来可以变成写。能写的就写，不能写的讲几遍也行。病好后写作，都是真实的素材。生病时的孩子，最需要表达。他们提出的要求，只要合理，都要予以满足。照顾病人，就是我们这些父母亲人的专享。比如说，可以指导孩子大方、大胆、直接地表达出生病时的需求：你想吃些什么？肉松还是酸菜？米饭还是面食？你想休息吗？有的时候也许你想看看电视、看看书。是否有精神，孩子要讲出来，否则大人代为安排常会导致情绪不佳，经常发生的情况是"让孩子去休息，可是孩子很有精神"。有的时候父母会觉得生病在家也不能落下功课，让孩子带病坚持做作业，可是孩子已经撑不住了……

所以，向父母表达需求、陈述感受，真的很重要。有时候孩子生病了，感觉特别孤独，可以向爸妈发出请求，让爸妈在这个时候多留时间陪陪自己。总之，**生病的时候，有些特殊要求，爸妈要注意倾听，孩子要直接表达，双方沟通才能够更好地解决问题。**所有的沟通，都是写作的准备，其实，也就是一种形式的写作了。

病好后，还可以写写想法。

这叫写反思。回想整个生病的过程，特别是生病时的各种难受，生命在有所缺损时感觉特别强烈。生病，带来的缺损是复杂多样的，可以写的也就随之多样。父母指导的意义就在于启发思路。例如，没有去上课，功课的缺损可以写，写出有老师辅导和没有老师辅导的差别；没有去交往，友情的缺损可以写，写出对友情的依恋；没有参与各种活动，机会的缺损可以写，写写遗憾的心情，写写之前参与活动的回忆。

各种缺损都因病而起，而病又不是从天而降的，病大多是"自找"的，可能因为自己不够注意保养，不够注意饮食，不够注意锻炼，不够注意维护身体健康。这些时候，反思的力量就特别强。病后思考，更有助于下一阶段健健康康地生活。反思让人知道，我们应该争取不生病，少生病。

当然有些孩子属于很无辜的，因为他们先天遗传了一些疾病。假如很不幸，我们的读者中有这样的孩子，有这样的家庭，那么父母可以这样做：可以指导孩子写跟这种疾病对抗的整个过程，写成每日一则的"病情日志"。不为出名，但也许真的会成为大家心中的偶像。父母可能不知道，全球具有同样经历、患上同样疾病的孩子，他们都需要通过你的日志，获得与病魔对抗的勇气，甚至是治愈的灵感。有一部电影叫《再见了，肿瘤君》感动了千万人。我们知道提起这个例子有点残忍，但我们的目的在于提示——只有想不到，没有做不到。写作，只要思维灵活，没有什么可以难倒自己。如何做到思维灵活，就是要常常让思维运转起来，父母亲要常常和孩子聊到写作这个话题。好，这个话题我们点到为止，大家明白就好。

其实，我们写下这一节，更多的意思是一种祝福。

"带孩子去看病"不是真的让你这样做，而是理念的分享。让孩子知道，通过写作记录自己的生活，通过文字提醒自己热爱生活、珍爱生命、保持身体健康。这既是对自己的尊重，也是对家庭的责任，更是对父母养育之恩的一种报答。孩子可以想一想：一旦生病，影响的是父母的工作。所以，健康带来幸福。父母也要了解，孩子生病自己无心做其他事。所以，请认真地读好这一节，在日常生活中，借助写作让这些类型的文字成为生活的监督，成为自己最好的健康监测记录，让自己永远和健康、活力、快乐拥抱在一起。

小试牛刀—孩子佳作

看中医

由于我很少生大病，所以去大医院的机会甚少。得了小感冒什么的，都去看中医，抓中药。因为妈妈相信中医，认为它更安全。

还记得妈妈带我去看病的一次经历。那一次，我没有幸免地得了流行性感冒。我被领到一个又老又旧的房屋前，大门紧贴着小巷，小巷很幽静，也很深，只有鸟鸣回荡在耳旁。妈妈把我带进房间，屋里灯光昏暗，我猜测这是医生的家，里外只有三间屋，卧室、厨房和诊室。诊室窄极了，除了医生座位、诊桌和长椅，就只能一人单行。诊室里唯一吸引眼球的是满墙的锦旗，我看着，心里默念着"医术高明、妙手回春……"锦旗一个叠着一个，数也数不过来。

我坐在长椅上休息，不一会儿医生叫了我的名字。我坐到了桌前，看到各种看诊的工具和药品，心中不自觉地害怕起来，医生却和蔼地

对年幼的我说："小朋友，别害怕，只要你听话就奖励你一包山楂片。"我对他半信半疑。医生亲切地问我病情，我含糊地回答："不舒服，流鼻涕。"其实我心有防备，没说我还咳嗽。接着医生又拿听诊器听我的呼吸，听完后他笑了，道："小朋友你嗓子难受呀，下次要告诉我哟。"我不好意思地吐了吐舌头。他又拿出压舌板看着我的喉咙，拿出沙包把我的手放在上面，在我手腕上摸着什么。做完这一切，他拿出小纸条飞快地写下药方。不一会儿，医生就把药方递给了妈妈，嘱咐了一番话。我还没听懂，只见医生就像变魔术似的，递给我一包山楂片，笑着摸摸我的头："要乖乖地吃药哦，过两天就好了！"

过了一会儿妈妈领着我走出诊室，我回头望着一墙的锦旗，心想：我的病好了，也要给医生挂一面锦旗。

回到家，喝中药，这药虽说有苦说不出，但是回忆起医生亲切的样子，苦药却越喝越甜。

何泓锐

写于五年级

素养篇

儿童写作素养，靠"养"。
养护，融于每一个生活的事件，
养护，借助每一个交往的瞬间。
看似不经意间，
得以窥见，
性灵的陶冶，
气质的变化。
原来一切都在无言中发生。

带我去读书吧

名师指路 ── 写给家长

请回忆：在家中，你有多长时间没有读书了？

请回忆：在家中，你是否经常催促孩子去读书？

回忆的结果是一组有趣的对比，很有意思的答案。父母读书少，却要求孩子读书。可是，如果父母不读书，孩子如何会读书？如果父母不读书，为什么要催促孩子去读书？当你不读书的时候，其实就是用行动在鄙视读书这件事，自己都不认可了，如何能够告诉孩子读书的重要性？如何要求孩子认可？你没有读书的经历，就没有体会，如何和孩子分享读书的乐趣？

父母读书，孩子就能读书。父母不读书，仅仅把读书当作一种要求，布置给孩子，孩子就会厌烦读书、排斥读书。所以，带孩子去读书吧。有的父母看到这里会说：我都毕业这么久了，还读什么书啊。必须说清：此"读书"和彼"读书"不同。格局大一些，视野大一些。

带孩子去读书，父母结合读书的经历，指导从"带"中开始。

这里的"带"有三种意思：

"带"是父母的行动示范。我们强调父母读起来，读给孩子看。也许你是工薪阶层，上班回家后很疲劳，在家中你可以玩手机、休闲娱乐，但你也一定要留一点时间读书，要让孩子看到你读书的样子；你可以在睡前看电视，或者一整晚追剧，但你一定要在孩子进入你的房间后，顺手拿起书来读。总之，在家中你可以做各种各样的事，但不能少的就是读书。原因很简单，父母亲读书的样子对孩子来说，就是一种深深的影响，就是一种最好的示范。有了示范，"带"中就有指导的意味了。

"带"还是一种行动。如今很多地方都欢迎孩子读书。如图书馆、书店、书吧、绘本馆、工作室，它们都要聚集人气，会举办各种活动欢迎孩子。所以，父母要做的仅仅是带孩子去。例如，把孩子带到书店，然后你也可以去做些别的事，让孩子在阅读中等待。当你回来接他的时候，会看到让你很舒心的画面——孩子捧着书，就着灯光，静静地阅读，一点都不着急。那时，你是不是也感到一种幸福和满足呢？

"带"还是一种真正意义上的指导。父母的"带"本身就有指导的意味。陪伴孩子一起读，指导孩子读起来。正所谓"带读"。

"带读"指导，我们也分三类来谈：

第一，带着孩子读书，一边读一边指导，教会他读书的方法。

很多孩子缺乏读书的经验，自然也欠缺读书的方法。每次读书都比较茫然，拿起一本书就知道从头读到尾。读完之后，也没有做任何的梳理和总结，也许接着就去玩或者读下一本。书，成了手中的无奈过客。猪八戒吃人参果，鲸吞自然没味。父母教孩子读书，可以有意识地停留，延缓阅读的速度，让他关注书的不同部分。例如，读读序言，读读目录，读读名家推荐，读读网友评论……读各种各样的内容，让孩子对书有比较整体的认识。

还可以指导孩子用不同的方法来读书。例如，遇到自己喜欢的就细细读，每一个字都可以琢磨、讨论（这个我们接下来还会详细说）；遇到自己不是很感兴趣的，比如大段大段的铺叙，我们可以跳读，可以浏览，可以快速跳过，保存精力拥抱书本中的精华。再比如说，父母可以给孩子一支笔，在读书的时候鼓励他拿起笔做批注、做笔记，就是在书本边上写些简单的话，概括出关键词，这都是很好的读书方法，在学校不一定有时间这样读，在家里有必要这么读。当父母看到孩子的书很干净，这未必是一件好事，正说明了孩子不知道有"动笔读书"这么一说，也没有这个习惯。

第二，指导孩子品味书中的细节。

最值得品读的就是细节。有多细？可以细到一个标点、一个字词、一句话、一个片段。当然，最好的就是构思中的细节。例如，有的书开篇就是高潮部分，最激烈的场景、最终的结局等，极力吸引我们关注；有的书一直设置悬念，引导着你不断地往下读；还有的书的情节不断发生变化，让你无法割舍……抱歉，越说越大，好像不是细节啦，只能说，书中的细节无处不在。

品味细节，就是指导孩子写一些在书中发现的值得学习、模仿、借鉴的写作要素。让孩子做笔记、做摘抄、写感受、写心得，都属于品味细节中的写作指导的落地方法。其实，有的时候，仅仅是抄写一些部分，加上自己简单的评述，就是一篇非常好的读书笔记啦。很多名人也是用这种方法，不断地积累，最后成了读书高手。我们要告诉孩子：没有人是天生的读书高手，那些看上去很有读书天赋的人，也都是建立在大量的阅读基础上的。其实，每个人的成长都要经历刻意的练习。

第三，指导还可能是一种话题的"围炉"。

《围炉夜话》是一本书的名字，我们借这本书的名字，形象地说出第三种指导方法。

每一本书，作者都有自己独特的观点、主张、见解，这都是作者的意识，书只是一种形式上的代言。带孩子一起读书，捕捉到作者的意味后，围绕着阅读的收获和体验，还有阅读发现，进行亲子对话，就是一种化为无形的指导。这个对话，非常有价值。我们可以看作是父母和孩子之间的对话，也可以看作是孩子和书本的对话，还可以看作是孩子借助书本和自己的对话、和生活的对话。对话中只有一个话题，话题的风暴眼就是书中的一些观点、一些细节。例如，可以是书的作者、同类的作品等。面对这些话题，父母要主动地挑起话头。例如，可以问：你有什么看法呢？联系自己的生活，你有什么启发呢？假如是你，会如何写呢？你会如何安排故事中人物的命运呢？甚至问：如果由你来续写这本书，你有这个勇气吗？你有创意吗？总之，父母的指导，就是一种挑逗，挑逗起孩子参与的愿望，挑逗起他对话的兴致。因为这些对话，和书有关，又是写作的准备，对话就是联通读写的桥梁。

专门写下这一节，其实就是帮各位孩子的忙。因为我们了解到，现实的学习生活中，孩子都会遇到读后感的写作。这可是让人有点头大的写作项目。其实，大可不必紧张。所谓读后感，不就是读后的感受吗？就这么简单。害怕，更多是因为缺乏"读"，而不是"会不会写"的问题。之前的篇幅中，我们做了大量"如何读书"的指导，除了已经介绍的之外，父母的陪伴也是很好的指导。

> **接下来谈一谈**：建立在充分阅读基础上的读后感，究竟怎么指导孩子写。

关键就在于"后"，"后"字处理得好，读后感就写得好。比如，后，你可以联想为一种滞后，读完书，停一停，想一想，读完了不要马上写。只要构思充分，写作就不慌。后，也是一种顺序，先读后写。有的孩子为了交作业，把写读后感当作一种负担，还没读就开始写，严重丧失写的意义，也与读背道而驰。后，表示这种顺序是既定的，必须是读完了才能写。后，还可以是一种后发制人，后来居上。别看那些书的作者都是作家、名人、伟人，但是只要读了他的书，我们就有可能后来居上。作者的书就是作者的思想结晶，我们读了，就是借用了他们的思想结晶。

当然，只是借用，可能还是皮毛，但我们可以给孩子鼓励，告诉他"你踩在巨人的肩膀上了"。所以，你可以对他的书进行欣赏、评价，甚至可以是批判。只要融入自己的观点、自己的主张，你就实现了超越。所有面对文字的加工中，都带有你的气息，所有你写下的文字中，都有你的思想。你，不就站在了伟人的肩膀上吗？

最后谈谈"感"。

所谓"感"，就是情感。不精不诚，不能动人。写情感，必须是写真情实感。所以，建议父母指导孩子写感受时，务必真诚。真诚，体现在包容。既要有一种民主、宽容的态度，让感受不简单、不草率，能更加周全、周到，又要让他坚持自己的主张、自己的见解，突出感情中"我"的成分。不要用父母的观点或者网络的评价，甚至是别人现成的感觉来凑数，这样写，即便写了千言万语也毫无意义。真诚，体现在独立性。写读后感，读者要看的就是你的个性化评述，这是感受部分的精华，也是"真实"在文字中的依存，更是文章的价值。细腻，会让你的读后感显得更加真诚，细腻的感受描绘是亮点，把自己的感受真实、细致地写出来，让人一看就觉得——嗯，真是这么回事。认同，就是读者最好的阅读感受。

带孩子去读书吧，让你的家有浓浓的书香味。至于说我们强调的读后感写作，相对于阅读的价值而言，是微小的。劳于读书，逸于作文。写作，可能是读书的副产品，是衍生出来的意外惊喜。我见过的孩子，会阅读的都会写，暂时不会写的，迟早会写。而暂时很会写的，如果不阅读，很快就不会写，即便不断写，文字也很庸俗，没有读者关注。

读书，带来思想和气质的改变。

小试牛刀—孩子佳作

我的壮壮老师——读《壮壮老师与乱乱班》有感

"开学第一天一到校，大家发现一个肌肉发达的男老师虎威地站在班级门口。他一声不吭，不停地看着手表。"

马上要开学了，我又要回到我熟悉的校园了。此时此刻，我的脑海中竟闪过壮壮老师的形象。怎么回事？原来最近我看了一本名叫《壮壮老师与乱乱班》的书。

怎么会叫"乱乱班"呢？没错，是因为他们原班主任生病了，代课老师又换得快如流水，整个班级变得一团乱。但这一切都在壮壮老师的手上发生了变化。在特殊作业、疯狂的语文课、冒险闯禁区、奇特家长会、不同的复习等一系列事情的作用下，原来的"乱乱班"成为年段第一的"高飞班"。班级中原来谁也瞧不起的阿虎，当得知壮壮老师要去教其他班级时，都恋恋不舍，这足以说明壮壮老师有着不一般的魔力。

我曾读过一些校园小说，但这本《壮壮老师与乱乱班》校园小说看起来却格外亲切、熟悉。因为这本书的作者，就是我爸——何捷。而书中的壮壮老师的原型，就是我爸自己。他身材魁梧，肩膀宽厚，那体格不就是壮壮老师吗？读完这本书，再回顾他当班主任的情境，我觉得这本书仿佛是他班主任生涯的重现，而并非虚构的文学作品。在爸爸还担任班主任和语文老师的时候，确实像书本中所说的那样，没有布置过多的练习，而是让学生每天完成百字作文和阅读，让同学们真正爱上语文。他不但布置的作业特别，还在课上和同学们做游戏，到期末，甚至和同学们演起课本剧来。这些做法，让学生都很喜欢，自然而然地爱学习、爱语文。这做法不就是壮壮老师吗？爸爸上课虽然幽默风趣，但着急的时候也会有脾气，可是在处理起同学们的问题时，他仍然会妥善处理，体谅对方的感受，使班级中的矛盾越来越少，这态度不就是壮壮老师吗？

在我们的校园里，许多老师都兢兢业业地带班级、教学生，校园生活每天都在发生着特别的故事，但为什么我爸爸会想到把他的工作写下来，变成一本校园小说呢？近水楼台先得月，我利用和"壮壮老师"零距离接触的机会采访了他。原来是因为他想把自己的教学方法分享给更多的人，想用写作这种方式把他当老师时的幸福经历保存下来。

可是，当他写这本书时，他已经不再担任班主任了，有些事情也已经过去很久了，他为什么还能记得如此详细，好像生活再现一样呢？他究竟是怎么做到的呢？这就是作家的秘诀了。让我为你们揭开谜底吧。爸爸在生活中有个习惯，就是随身带一个小笔记本，只要一有时间，就会把他感兴趣的点点滴滴记录下来。他非常留心同学们的生活，注意和同学的交谈，从没有因为自己是大人，而不把孩子的事当一回事，于是很多有意思的故事，都被他记在笔记本上，写进了小说里。最重要的是，他写完并不是自认为满意就了事，而是经常请我和妈妈一起读他的小说，然后总会虚心地问"我写得行不行""哪里写得不真实"，再根据我们的建议进行修改，直到把文章修改到完美为止。

正是因为对作品认真负责的态度，我爸爸创作的书总是很受大家的喜欢。你看，他在20多年的教学生涯中就创作了十几本书，其中几本以校园为主题的书，给学生、家长甚至老师们都带来了快乐和启发。我的爸爸——"壮壮老师"，现在已经不是小学老师了，但他却特别怀念那段校园里的时光，自己也时常翻开书看看，仿佛又回到了课堂上。而我，希望有更多的作家为孩子写作，写出真实、有趣的校园生活。也希望我能像我的爸爸"壮壮老师"一样好好努力，创作很多作品。当然，新学期开始了，我最希望的是——我们能遇到更多像"壮壮老师"一样的好老师。

何泓锐

写于五年级

带我看电影吧

名师指路 —— 写给家长

　　好人还是坏人？真的还是假的？谁胜利了？谁失败了？最后到底怎么样了？小时候，每当看电影，我总是不停地问妈妈，总是心很急，没有看到结束就想知道答案。

　　小时候，孩子对电影的好奇，就限于这些最简单的判断。妈妈也很有耐心地跟我说出她的理解。在她小时候那个年代，能看的电影很少，基本上套路也都一样，所以答案很明显。更何况，好多电影都要看几遍，不是因为特别好，是真的没有其他的能看。印象中，好人脸上都是发光的，坏人脸色都是阴暗的，好人长得都像朱时茂，坏人长得就像陈佩斯。

　　但不管怎么样，即便我们总是看一部电影，也不会影响我们对电影的喜爱。电影，**独具魅力，这毋庸置疑。**

　　转眼间，到了现在，我成为父亲。我的儿子也非常喜欢看电影。很多父母觉得这可能影响学习，但我们不但不阻拦，反而还借助网络时代的优势，让他在家中就能享受看电影的乐趣。当然，只要有时间，我们就带他到电影院去。必须承认，这个时代看电影是奢侈的，时间消耗、票价消费，但都很值得，支持原创也是对孩子的一种精神塑造。经典影片，我们大多采用网络观看这种更简单、更实际的方法，一个接着一个系列地让他整体观看。

例如，作为男生，我们给他推荐了"哈利·波特"系列，看完后他对魔法产生了极大的兴趣，总是拿着一根树枝到处挥舞，说自己是魔法师；我们给他推荐了"星球大战"系列、"机械战警"系列，看完后他的想象力一下子变得丰富起来，总是觉得自己周围的每个人都是最新版本的机器人，总是希望外星人来到他的梦境中，可以和他交流。又如，我们给他推荐了"金刚狼"系列，他突然觉得正义是那么重要，而且认定男生一定要练出一身的肌肉，于是主动要求早上和我一起锻炼；我们还给他推荐了"福尔摩斯"系列，看完后他很喜欢分析现象，说清道理，因为他希望做一个像福尔摩斯一样能够推理破案的人，甚至对医学也产生了兴趣，原来去医院都很排斥，看完电影后居然有了一种到医院看看的"可爱"欲望。

最明显的是看完电影他的话变多了，什么都想说，什么都希望交流，也很希望从父母这里获取更多信息。于是，我们得到一个巨大的启发：带孩子看电影，简直是一本万利的事。所谓的"利"，更多切中对写作能力的提升。这是显而易见的。

那么，结合看电影，如何在写作上给予指导呢？给大家推荐几条我们家的"指导守则"吧。这都是我们在带儿子看电影的过程中总结出来的"实战经验"——管用。

第一，观看电影时，父母坚持做个"哑巴"，坚决不说话。

电影播放的过程，就是让孩子去看、去琢磨、去思考的过程。假如他像我们小时候一样不停追问，那也坚决不回答。可以立即对他做一个"不说话"的手势，让他先看再说。这既是对他思考力的保护，也是对他探索欲望的支持。同时，在电影院，这本身也是观影的礼仪。就是在家中看旧电影，也必须独立、静默观看，看的过程不交流。

即便小声说话，也不能影响到别人，否则是不礼貌的。这一条，我们首先提出，就是希望大家重视。其实，在观看的同时就给予讲解，父母的言语会形成一种过于强大的示范和影响作用，不利于孩子展开自己的思维扇面，孩子也无法深度理解电影。好像在写作前就提供了现成的范本，之后的写作，就让其按照范本抄袭而已，没有意义。

> **第二，观看后，做个"听众"吧，让孩子多说。**

看完电影了，或者是在家中播放完影片了，马上进入对话环节会比较好。结合影片可以聊很多。

其一，**可以让孩子说说影片中的故事情节**。例如，让他完整地叙述影片故事，也可以叙述其中的一个小桥段，叙述一个印象深刻的场景。不管大小，故事叙述力求完整、清楚，父母要听懂，以"我懂了"为评价标准。万一听不懂，就要不断追问。追问的意义在于让他补充叙述。

其二，**可以说说对影片中人物的评价**。影片中的人物，有主角，也有配角，让孩子结合自己观影后的理解来说，特别能透露孩子的世界观、人生观、价值观，评说很有个性化。那些夺人眼球的主角，一定是表达的焦点：在影片中他做了什么？你认为他做得对不对？他给你留下怎样的印象？你给他什么建议？关于主角，什么方面都可以说，围绕着主角有说不完的话题。因为主角就是整个电影的核心。

但，有的时候父母也可以指导孩子说说配角。别人都关注主角了，孩子关注了配角，就能够与众不同，产生意想不到的表达效果，要知道，配角也精彩啊！

各大影视评奖中，除了对主角有评选之外，配角也是重要的评选对象，设置"最佳配角奖"，能获奖的，那一定是"老戏骨"，演技高啊。其实，指导孩子关注配角，我们还试图让他知道：正是由于这些配角的通力合作，才能够凸显主角。

记得小时候看过的小品《我是主角》，饰演配角的陈佩斯一直希望将饰演主角的朱时茂的戏抢过来，于是就闹了笑话。这个小品很不错，可以让孩子看看。因为留下了深刻印象，可以作为写作的重要参考。

其三，**还可以直接说自己的观影感受**。这时的说，很显然要联系自己的生活来说。

比如之前提到，我儿子看后的一些感受分享，这就是对他自己的生活起到了作用。有的时候我们观看影片，是带有教育目的和意义的，特别是学校组织统一观看的影片，更可以及时地让孩子写下感受。我们知道，这有点为难孩子。越是希望给予的教育，越容易被排斥。但是，父母的作用就是桥梁，就是要告诉孩子：静下心来，想一想，你会懂得多一点。每一次的观看，都可以有所启发，对自己而言，都是有益的。只是我们的心态急躁而已，只是我们喜欢娱乐味道浓一点而已。其实，这类正儿八经的影片，是孩子成长的有益补充。我们要做的，仅仅是需要孩子用心去发现平常、平凡、平静的叙述中的人性之美、教育之真、人与人之间的善。观看后的对话，是写作的预备，是写作之前不容忽视和丢失的环节。

第三，真正到了写话时，父母要做个"放映员"。

做个"放映员"，就是希望父母亲为孩子准备观看的影片等视频资料，在写作过程中能够随机播放，提供更多的帮助。先插入说一个好建议。说到"视频资料"，有一类不容错过，值得单独说明。有一个类型的综合性影评节目，父母可以多看看。所谓综合性，指的是这类节目不是某一部影片，而是集中多部影片，组合成某一主题的资料片。

主题就是核心，以核心为圆点，展开串联，牵引出多部影片，进行集中推送、讨论、辩驳、对比。例如以"周星驰"这个影星为核心，推荐他的几部电影，分析周星驰的表演风格、影片内容以及透露出的人性内涵等；又如以"侦探题材"为核心关联几部影片，一组一组地推荐，分区域地对比，感受中国、美国好莱坞以及世界各地著名的侦探影片有什么差别。观众看一部等于看了好几部，集中对比才会发现，同样是侦探片，有的是关于暴力犯罪的，有的是疑案追踪，还有的是案件记录……父母事先关注这一类的综合影评节目，能够提高自己的影评水平和优劣识别能力。父母进步了，孩子就进步，指导者水平高了，被指导的孩子进步才明显。

在指导环节，父母做个"放映员"，要学会定格画面，帮助孩子回忆细节。孩子看电影，经常像猪八戒吃人参果，吃是吃了，但是具体味道怎么样，没有感觉。原因就在于对影片中的细节关注不够，回忆自然比较模糊。同理，缺乏细节的写作也是缺乏可读性的。这点，不能完全怪孩子。因为电影画面每一秒钟都在变化，孩子本来就不善于捕捉这些转瞬即逝的内容，当然要由父母辅导后才能获得。所以，优秀的"放映员"可以按下暂停键，将画面重播、定格，让其看个清楚，甚至停留在画面上等待他写作。原来，指导也就是如此轻松的操作而已。这里要注意，是先完整地看一遍，沉浸地欣赏影片，在写作时再根据需要按暂停键。

做个"放映员"，你还可以有些"另类手段"，为孩子打开思路。电影是一门综合艺术，由声音、色彩、特技效果等综合形成感官刺激。指导孩子写的时候，他可能被其中一方面吸引，忽略了其他。例如，孩子最关注的可能是奇幻的画面，而那些精巧的情节、独特的色彩设计、背景布置等可能无法关注到。而如果丧失了构成这些整体感受的元素后，电影的魅力简直可以说荡然无存。例如，没有音效，感觉滑稽；没有色彩，感觉单调；没有道具，那成了古怪的独角戏……

而此时，正是父母施展拳脚给予指导的时机。你可以让孩子集中进行主题关注。例如，指向影片中的色彩运用，感受一下：人物处在不同的故事中，电影中会出现什么样的色彩？什么样的色彩和人物，和故事有什么关系？色彩如何来表现人物的内心，展示人物的性格？有喜欢音乐的发烧友，更不会放过音乐。不少父母就是这样的爱音乐的人，所以，你可以录制下来单独让孩子听，他也能写出很特别的文字。电影《指环王》《魔戒》《泰坦尼克号》等，这些好莱坞巨制的电影的音乐，已经到了单独成为艺术的程度，电影原声音乐成了经典。就让孩子从欣赏音乐的角度去写吧，很不错的选择啊。关注的点不同，写作的内容就不同，写作的思路会更加开阔。

小的时候，学会拆解，能把一个复合体拆解成各个方面，即便不是为了写出来，这本身也是一种思维的练习。因为我们的生活，我们面对的世界，都是由复杂的元素构成的。现在能够拆解电影元素，能够从各个不同的方面去构思写作，将来也能够拥有一双慧眼，看到复杂背后的简单，看到综合后面的组合。

做"放映员"，还可以跟小观众交换理解，分享感受。父母跟孩子一起看电影，成年人看后的感觉和孩子的不同。成年人对影片中各个环节的评价与孩子有差异，成年人的认识、理解也能给孩子以另外的启迪。所以，指导很多时候就是一种分享——把我的思想传递给你，把你的理解交换给我，我们在同一个平台上交换不同的理解与感受。父母的表述，父母的分享，也可以作为孩子写作的素材。甚至，我们鼓励儿子在作文中原文引述我的话。

例如，他写下"如我的爸爸所说，福尔摩斯成功的秘诀不在于天赋，而在于细之又细的观察，在于从一个点串联起整个线索进行统整式思考"。瞧，这样一句成年人的评价话语，孩子直接引述在作文中，看上去挺酷的。接下来，他还要解释"爸爸说的统整式思考"是什么意思，这样，这段话才是属于他自己的，这段话才对他的表达提升有帮助。和自己的生活相关联，话才能成为孩子的话，理解才能成为孩子的理解。

最后，做好"放映员"，你还可以推荐相关的影片，让观影写作形成系列。孩子看完一部，会产生兴趣。但他的信息量偏少，不知道相关的影片还有哪些。这个时候就需要"放映员"为他推荐了。看一部带出多部，看完多部形成一个主题系列，这比看单部更有意思。其实，影片的拍摄和制作也是这样的思路。例如，《星球大战》拍完了，要拍《星球大战后传》，然后是后传的后传，后传的后传拍完了怎么办呢？拍前传、前传的前传。星球大战的主题系列电影，才算完成。完整地观看电影，孩子有了更多元、更周全、更系统的认识，也许未来的系列小说作家就是今天的电影迷哦。

所以，带孩子去看电影吧！不要以为这会影响学习。实际上，学习就是生活，看电影就是生活。学习和看电影，通过生活可以实现融通。

小试牛刀—孩子佳作

《变形金刚》真好看

闭学式那天，我很开心，因为楚琪的妈妈要带我和楚琪看电影，看的是《变形金刚4》。

电影开始了，我看到很多稀奇古怪的东西。比如：有两个人买了一辆卡车，那卡车会说话，还会发子弹。原来这是擎天柱变的。他们以前住在遥远的星球上，为了拯救地球才来的。敌人打不过他们，所以地球上的人得救了。

我看完电影，就喜欢上了变形金刚，因为他们很神奇，也很勇敢。我做梦都会梦见他们，还天天跟妈妈讲："我要买变形金刚。"结果，我的梦想成真了——外公给我买了两个变形金刚玩具！

何泓锐

写于一年级

妈妈点评：

这篇习作主题突出，简要概述了电影内容，并表达出了自己喜欢的理由和意愿，应该算是一篇较完整的习作。以后但凡他提出要求之前，都让他写作文一篇，如能表述清晰，理由充分，合情合理，倒是可以考虑！

带我去健身吧

幼儿园到小学二年级，每天进行游泳锻炼，状态最佳时，一天不少于三千米。

三四年级，游泳暂停，转为每周三次专业羽毛球训练，每次练习不少于两小时。

周末，进行长跑、网球等娱乐活动，长跑每次五公里，网球每次不少于一小时。

如果没有专业训练，每天回家的第一件事是跳绳。

……

以上是我儿子健身的轨迹，也是他的成长轨迹，更是我最引以为傲的生活指导。

很多人以为我教语文、我太太也教语文，所以我们会让儿子不断地学习语文，特别是作文。在我们办满月酒的时候，亲友们最关心的就是："你什么时候开始教他写作文呢？"实际正相反，关于语文学习，特别是作文指导，我们几乎没有专门去

教。我们总是结合着他的生活点滴进行，很少威严地要求他坐下来，完成全篇。我们觉得日常生活中，结合各个事件、各个情境的点点滴滴的教学、帮扶、讲解，足够了。所以，当他真的要拿起笔写完一篇命题作文的时候，他应该是自觉完成的。教，都集中到那个时候，是很狼狈而且无效的。

我们最在意的就是他的身体。因此，每天健身，确保第一时间完成。参与体育锻炼，带孩子去健身，也能结合着进行写作指导？当然能，不仅能，而且是天伦之乐。这是培养亲子感情最好的方法，在我看来也是最有效的通道。注意到了吗，仅这段话，我就用了最为极致的词语来形容。记得幼儿园的时候，我决定教儿子游泳，说白了是因为我爱好游泳。起初，他是非常怕水的，似乎一点都没有遗传我的亲水、善水。在他大班的那个暑假，我们第一次到了游泳池，我清晰地记得，他连脚丫触碰水都要哭闹。然而，因为我合理科学的教学指导，仅暑假期间，他已经能够一口气游完一千米。我是如何做到的呢？我在取得这样"辉煌战绩"的同时，有没有什么收获、体会值得跟大家分享呢？有！结合健身，写作指导我有四点体会。

第一，分项教。

划分为一个个细小的项目，分别教。分项教就是强调不要大而笼统地教。例如游泳，不要仅仅指导说"来！抓紧！用力！好好游！"这些没用。不会就是不会。不要用"打球"的理论指导"打某一种球"，也不要用"要求"和"训斥"取代教学。这一点，在作文指导上是特别容易犯的错误。以自由泳为例，自由泳可以划分为好几个项目，如划臂、转体、打水、呼吸、身体配合等。单就划臂又可以分为空中挥臂、提臂出水、插臂入水、水中划臂等。项目分得越细，教得越细，效果越好。分项教，也适用于写作教学。我们不要大笼统地让孩子写，大笼统地要求他们一下子能"写具体"。究竟怎么写具体？需要给予指导。分项，有利于将项目拆解为很周到的设计，分项，也适合设计成细小而直观的具象化教学，让孩子容易接受、学得不难，将指导落到实处。

第二，频繁练。

光说不练假把式。特别像游泳这种技能，教得再好，如果没有练习配合，也是白费事。所以，教完就练，练完就点评，点评完再教，教完再练……如此循环，孩子进步特别快。在家庭中教孩子写作，也要注重"高频"原则。练习的频率要高，说写，读改，再说、再写、再读、再改……这应该形成一种非常好的良性循环。练习频率高，就注定了不要老是让孩子写全篇。可以更多地写短篇、写片段，进行百字作文练习。

我们知道学校要求每学期写八篇作文，每学年写十六篇。自家的孩子总是难以通过八篇写作练习获得提升。为什么难以奏效？频率不够高是显而易见的问题。周一作文写好交上去，周五才发回，老师即便改得再细，孩子的心早就凉了，更不要说批改的语言和当初写作时新鲜的感觉对不上。所以，延迟批改就无效了。家庭写作指导主张高频率练习，也确保了父母指导时的反馈及时生成。

所以，请借助我的另外两本书《何捷老师的百字作文系统》或者《百字作文的神奇魔力》，了解百字作文，提升练习频率吧。作文和健身，从一定角度看，是一件事。

第三，指导要细。

之前我们说过分项教，细化指导。那么，具体到某一个项目的时候，该如何细致呢？"细"的操作是有法可依的。我们要用语言细细描述，要用肢体接触辅助，要以身作则经常示范，要通过观察纠正提升……总之，孩子健身时的每一个细节我们都要认真对待，写作时，这些过程都会起作用。

例如，日本人曾经研究过世界冠军索普在自由泳划臂时手掌入水的角度。他们经过精细的测量、数据统计，计算出索普手掌入水的最佳角度。只有做到"最佳"才能产生最小的阻力，而在世界级比赛中，哪怕 0.01 秒都是必须争取的。所以，日本将研究结果运用在对运动员的训练中，指导的细化就严苛到"入水角度"都必须是精确无误的。当然，我们的写作指导不必如此费心，但我们要把这种理念学到手。对孩子的指导不要泛泛而谈，不要误以为他天生就会，不要强调写作的"天赋"因素。即便有天赋，关键的是你自己的孩子具备天赋吗？我看大多数都不具备，教学辅助才是硬道理。

第四，最好的指导就是鼓励。

当孩子经历过分项教学、精细化指导之后，他会进行统整式训练。也就是说，他学过划水、踢腿、呼吸、配合等细节之后，要不断地进行完整的游泳练习。游泳练习一旦以统整状态进行，最好的指导就是给予鼓励了。如同作文一样，孩子写成全篇后，最好的指导就是不断鼓励。当你作为父母，在写作指导上不如老师专业的时候，当孩子兴致勃勃地拿出一篇文章跟你分享的时候，请千万不要泼冷水。要大声鼓励，鼓励他继续创作，鼓励他跟更多人分享，鼓励他把文章朗读出来让大家都听得见……孩子就是在这样的鼓励中，拥有了写作的自信。

不健身是愚蠢的，老说自己没时间健身是对愚蠢的一种遮掩。

我们培养儿子，最注重的是让他拥有健康的体魄。每周工作再累，我们都会抽出时间送儿子到很远的地方去打羽毛球。父母没空就请长辈代劳。我们送的是心甘情愿，因为这是他今后平安幸福的长效投资；我们陪伴儿子健身，是乐趣无穷的。其实这跟父母的习惯爱好也有关系，我就是一个健身爱好者。小时候因为有哮喘，所以从 18 岁开始，持续 20 年不间断冬泳。后来由于工作岗位变化，没法坚持，就把健身器械买回家，在家中练习。再后来又感觉到腿部力量不够，就又开始了长跑……如今，每天清晨起床后第一件事就是用健身唤醒身体、唤醒思维。见到儿子的第一件事，就是招呼他一起跳绳，一起跑步。我们把这个事情看作是家庭联络感情的最好方式，就像一个维系关联的纽扣，不能松。

在我写这篇文章的时候，我的一个好朋友，正在重症监护室里，年纪轻轻就做了心脏搭桥手术。我也把本节作为给他的深深祝福和提醒，希望他早日康复，更希望他出来之后能够参与健身，能结合健身给孩子指导。同时还希望天下的父母都能把带子女去健身，当作是家庭生活的黄金计划。

小试牛刀—孩子佳作

我的传家宝

许多人都以为，只有贵重的玉器、宝物等才配得上叫"传家宝"。而爸爸说，我们家虽然没有高价的宝贝，却有价值连城的传家宝。我好奇地追问，爸爸自信地回答——坚持不懈的精神。

爸爸骄傲地和我介绍，自从1991年，他进入师范学校读书起到今天，他能做到每天坚持锻炼身体，坚持写字画画，坚持读书，这种坚持不懈的精神，分明就是家族中最显赫的财富，也是旁人羡慕与敬佩我们家人的地方，那就是毋庸置疑的传家宝啦。

爸爸这么说，我非常认可，眼前不禁浮现起每个清早爸爸锻炼的场景——每天早晨，我总能看到老爸在阳台上健身，一会儿做引体向上，一会儿举杠铃，一会儿做俯卧撑。为了节约时间，他把好多器械都买回了家，布置在阳台上，以便随时能进入状态。而他除了锻炼，更是坚持阅读、坚持写作，在我出生后这几年，他出版了三十多本书啦。想到这里，我也坚信这坚持不懈的精神，就是我们家的财富。

今年我十二岁，也要把这传家宝继承下来。锻炼，已经成了我难以割舍的习惯。其实，并非我天生就爱锻炼，更不是我轻而易举就能坚持，继承传家宝的过程不是一帆风顺的。

很小的时候，爸爸锻炼就叫上我，妈妈运动也带着我，但我的心里可没有"坚持"的信念，全当是家庭娱乐活动。不过，身体倒是棒棒的，比好多小伙伴都强，很少生病。后来有一段时间，我变得特别喜欢赖床，早晨老爸无数次叫我起来锻炼，我却迟迟不离开被窝；也曾经有一段时间，爸爸带我去体育馆跑步，去泳池游泳，我很不情愿，属于"生拉硬拽逼下水，推推搡搡上跑道"的状态。果然，一下子胖了很多。

爸爸看我这种状态，便和我讲起了爷爷的故事。爸爸说："我们家的传家宝啊，到你已经传了第三代。你爷爷很小的时候就没有了父母，做什么事都要靠自己，特

别能吃苦，做什么事都特别能坚持。那时他非常热爱体育，是个专业的自由体操运动员，曾经获得全国体操比赛第三名，福建省体操比赛第一名等佳绩。爷爷锻炼时非常刻苦，还因此受伤。可是，他总是在身体刚恢复，就又坚持去训练了。"说着，爸爸带我翻看了我从未见过面的爷爷的照片，那些照片，奶奶不轻易让人动的。照片中的爷爷面庞清瘦，身材健硕，肌肉线条饱满，真的有点像健美运动员。我很好奇，跟着照片中爷爷的体操平衡动作，试着模仿，想摆出那样的姿势，这才发现根本做不到。看来，爷爷下的功夫真的很深。

我突然发现，老爸真的很像爷爷，他的肌肉，他的坚持……我认定，这就是我们的传家宝。我还记得爸爸曾经说：做男子汉，就应该有男人样。当时我不明白，如今我恍然大悟。

我也陷入了许多回忆。想到爸爸出差时都要带着俯卧撑器；想到妈妈珍藏的十几块马拉松奖牌；想到我曾经因为暂停锻炼而发福；想到我今天热爱的羽毛球运动……这坚持不懈的精神，可是我家的传家宝，我一定不能把它丢了。

如今，我特别喜爱羽毛球运动。不管是炎炎夏日，还是凉凉寒冬，我都坚持每周参加专业训练两次。从基本步伐的反复练习，到无数次的摆臂挥拍，成了每次训练的主旋律，渐渐地，我的身体又恢复了往日的挺拔和灵巧。原来，是这传家宝给我力量、帮助我成长啊！

我一定要把这坚持不懈的精神继承和发扬下去，让它在我们家代代相传。

何泓锐

写于六年级

带我去博物馆吧

去博物馆参观的经历，是小朋友比较缺乏的。很多孩子甚至不知道什么是博物馆，也没有参观过博物馆。每到一处，就知道进入游乐场、公园，但是博物馆，却仅仅在大人的安排下才去。其实，带孩子去博物馆，理应成为父母必须完成的任务。

博物馆有很多，我们这一节单说历史博物馆。

我们家常出门旅游，每到一处，如有可能，首先参观博物馆。我自己更是博物馆爱好者。走了大半个中国，到过许多省的博物馆。每到一处，倘若只有半天停留的话，不二选择就是去当地的历史博物馆参观。非常可惜，我的这个爱好并没有影响到儿子，他并不爱去博物馆，那些古旧的东西丝毫不能引发他的兴趣，他目前只喜欢机器人。

但这也不能造成什么影响，我们依然决定：每到一处，都把他带到博物馆看一看。慢慢地，他也萌发了兴趣。可见，写作、参观博

物馆等，凡是关于兴趣的，都是可以培养的。而有些兴趣是必须要有的，需要父母着力培养。记得他二年级的时候，我们带他到陕西旅行，第一站就参观陕西省博物馆。那个时候，他比较排斥，因为这个需要排队进入的博物馆，在他的眼中还不如路边排队爬行的蚂蚁好玩。但是，一旦进入博物馆，他就被眼前的场景惊呆了。那么多的人，一个跟着一个，在大玻璃橱窗前紧紧地贴着、看着。儿子不明白大家是在做什么。这个时候，太太租用了一台语音播放器，一边接收语音信息，一边立刻转化为妈妈的讲解，念给儿子听。只要是他听懂了，没有不喜欢的，因为那里的文物确实具有极大的魅力。渐渐地，参观还没过半，儿子已经对眼前的文物入了迷。有的时候，他还主动发问。这也再次验证：兴趣是可以培养的。

到了四年级的寒假，我们带他到埃及旅游，参观埃及博物馆。这个时候，他已经能够自觉自愿地跟着导游参观了。因为个子小，行动灵活，他走得比我们快，跟得比我们紧，看到的、听到的比我们多、比我们完整。他的幸福感比我们强烈。我们很欣喜地看到儿子对博物馆的兴趣变得浓厚，作为男孩，这是他成长中不可或缺的一环，也是我们向各位父母极力推荐的一次引领——带孩子去博物馆。在家庭写作指导中，这不容置疑应该成为不可缺少的一课。

所有指导的秘密就在"博""物""馆"三个字中。

先说"博"。

写作为了开拓认知，每一个国家、每一个民族的历史、文化、精神等的发源与传承，都在博物馆里集中、有条不紊地展示着。后代的子子孙孙在这里，能够通过浓缩的时间和集中的物件展示，明白祖先的生活，发现历史文化的传承线索。无知太可怕！博物馆里给你补上重要的认知缺陷。在博物馆里，关于"博"，你可以写历史，可以写人文，可以写发展，可以写风俗，可写的东西就是四个字——博大精深。看来，可以写的无穷尽。但问题也随之而来，从"博"字来讲，有写不完的话题，而父母的指导，却也似乎无从下手。

我们给出一些建议，让这样的窘况得到解决。**最应该注重的就是"有序"**，让孩子有序地规整素材，有序表达，这点特别重要。否则，大而驳杂，即便写下来也会很凌乱。为了做到有序，父母在指导的时候可以有三种方法。

第一种，**画图写**。有的博物馆会提供手绘地图，有的博物馆会提供方位图，即便没有，孩子也可以自己尝试画出线路图。根据图画，确定写作顺序，这是一个很简单有效的方法。

第二种，**按区域写**。博物馆都是分区的。例如，古代区、现代区；玉器区、陶器区、青铜器区……博物馆中的分区给我们的写作提供了便利，写作的顺序也可以"分区"。分为各个不同的板块来写，每个区域单独成段，区域划分就是写作线索。

第三种，最聪明的写法就是**"跟随写"**。跟着导游的行走足迹，按部就班地写，怎么走就怎么写，这样顺序就很容易理清。导游常年带着游客参观，他的心中有一条最清晰而简明的路线，这条路线就是我们写作的线索。

接下来谈谈"物"。

在博物馆里，一件又一件的器物，各有特色，每一件都值得我们关注。当然我们永远写不完。不要说几件，单单一件，就可以是一个人的终生课题。认识物的厚重很有必要，但不必被这厚重的背景震惊，这不是我们的目的。结合对器物的观察，我们要说的是如何给予孩子有效的状物写作指导。可以用的方法很多。可以细细地看，然后写某一样、某一面、某一个点。看的技巧就是"盯紧"。凑近一点，透过玻璃窗，力求看清楚。一边看，一边可以用笔记细节，记录得越多，写得越轻松。当然，如果是现场记录，一定要注意告诉孩子不可以"听写"，要记录关键词，还要配合听讲解员的介绍，这样写的时候就能唤醒记忆了。

有一种方法很适合孩子，那就是**"对比写"**。古代的器物与今天的器物对比，有许多差异，能写出很多的内容。例如，差异中，你可以写古人的生活情趣，今人的生活便利；差异中，你可以写古人的情怀，今人的情趣；差异中，你看到的是时代的痕迹，看到的是社会生活的演变。只要孩子的年纪稍微大一点，这真的是最好的历史课堂。对于小的孩子，这就是最好的文化启蒙。例如，远古时候的瓶子是尖底的。因为那时候人们住的房子是土堆成的，屋子里也是"土地"，所以，当屋主人回家后，就把水瓶子往土地上的坑里一插，稳稳地立在地上了。告诉孩子：那时候，水瓶子直接放在地上的坑中，当然不能做成平底的啦！看，这样的差别，经过对比，讲起来是不是特别有意思？写起来一定充满着神奇的感觉。古代器物和我们今天的器物差别很大，还可以写写做器物的材料。不同时代人们的生活和材料息息相关，材料的变化就代表着生活的改变，代表着科技的进步。古代，人们用青铜器，今天我们看不到这样的合金。我们现在用的合金，属于高科技新型材料，光亮，不易腐蚀，硬度可以调节。你看，仅仅是一个材料的描写也可以让物说话，说出丰富的内容。

面对着物，最值得写的是物背后的故事、背后的文化。例如，博物馆中的一个展品，从创作出来，到流传于世，再到后来"入土为安"，最后重见天日，其间的故事，无法说尽。更不要说它在世之时，多方易主，身世飘零。可以说，它今天能出现在我们的眼前，必定有一段传奇。有故事，就有写作的可能。你可以让孩子写写它存在于自己的年代时的想象，可以写它和主人间的故事，可以写写今天的发掘故事；可以写写关于它的历史资料整理，还可以写它呈现这样的状态背后的历史文化渊源……写就是一种致敬，写就是一种重温，写就是向历史和文化致敬。孩子是不是需要这样的精神洗礼呢？历史文化，是一个民族的图腾，应该被孩子感知。所以，写，是一举两得的事。

第三，就要说到大家最为陌生的内容——写"馆"。

博物馆，就是孩子能到达的大场馆。平时，孩子可能会写到场馆，但是都属于小场馆，我们很少有机会指导孩子写大场馆。参观博物馆，是不容错过的机会。如今，难得有这么大的场馆作为写作对象，错过了，是巨大损失。当然，大，有大的难处。大场馆写作指导，父母和孩子面临的困难也比较大。比如：从哪里切入呢？重点写什么呢？那么大，写不完怎么办呢？父母的指导，要特别冷静、清晰，自己不能乱，否则孩子很难有清晰的思路。

从整体看，可以指导孩子写大场馆的总体布局。结合刚才的绘画写、分区写，你可以借用绘画的图、分区的解读等信息，总体写博物馆的布局。要知道，很多孩子没有机会去，可以通过我们的作文、借用我们的眼睛去关注。而且，写作就是一次重新的梳理。**其次，到细节处，**你可以指导孩子写大场馆的装饰。不同国家、不同地区的博物馆，装饰都不一样。中国国家博物馆，庄严大气；埃及博物馆，到处都是法老的气息；日本的博物馆，可以看到我国唐代的影子……要指导孩子关注不同地域博物馆的不一样的装饰风格，这代表着不同地域的特征，这就是以小见大。

记忆中，孩子参观埃及博物馆时，惊叹于那些古怪的文字，还有高大的石头雕像；参观俄罗斯的博物馆，来到俄罗斯的夏宫、冬宫，对其中的玛瑙产生好奇，他觉得那么贵重的玛瑙，居然只是墙上的饰品，那个国家，那个朝代，到底有多富有？财富都是怎么来的？真是各具特色。这就是写场馆时留意的地方。写场馆，就是写建筑；写场馆，就是写文化。大场馆有大气度，小朋友有小角度。孩子难得拥有这样的练习机会，所以，每次参观博物馆，父母都不要错过。

小试牛刀——孩子佳作

埃及博物馆之旅

埃及博物馆是由被埃及人称为"埃及博物馆之父"的法国著名考古学家玛利埃特设计建造的，是世界最著名的博物馆之一。埃及博物馆里收藏的各种文物有30多万件，大部分是法老时期的文物，所以埃及人把它称为"法老博物馆"。

　　到埃及的第二天，我们"兔子团"的主要行程就是参观埃及博物馆。

　　到了埃及博物馆，一进大门就看见迷你的狮身人面像和各种石雕像，摆放在一片露天的广场上。狮身人面像皮肤光滑，形象可爱。

　　随后我们"兔子团"的成员来到了馆内。这里有多得数不清的文物，从拿着生命钥匙的高大雕像，到只有约七厘米的胡夫小雕像，从以前法老用过的黄金屋到古老的象牙拐杖，还有法老时代的各种生活用品等，展品琳琅满目，我应接不暇。

　　馆内有两样镇馆之宝。其一，是一座法老的石雕，石像坚不可摧，你猜用的是什么材料？这位法老的名字是阿拉伯文，所以我记不住。他坐在椅子上，面容庄重，椅子两侧有埃及尼罗河中特有的纸莎草和莲花，纸莎草和莲花是埃及的代表。法老既保护埃及人，自己也时刻需要保护，所以，在法老雕像的后脑勺有一只鹰，那就是法老的保护神，时刻保护着法老。雕刻的材料是最坚硬的火山石，再加上雕刻得这么细致，且每个刻痕都同等深度，石头面没有坑坑洼洼的凹槽，在我看来真是一个巨作。当时没有打磨机，就靠一把把铁凿，一双双手，把坚硬无比的火山石打磨得光滑且精细，真是了不起呀！

　　香精，是埃及的特产。博物馆里的这个展品，大概是最早的香熏灯吧。在下面点上蜡烛，香熏就会散发出香味儿。据说妈妈用的香水，就是用香精兑 80% 的水做成的。

　　参观完一楼，"兔子团"来到了二楼。二楼主要展出大大小小、各式各样的法老陪葬品。其中一位18岁死亡的法老，有一个陪葬品极为珍贵，这就是镇馆之宝二——22斤的法老纯金面具。这个面具是按照这位法老的脸制作的，与法老的脸一模一样。从远处看，就像法老正看着我们。我对古代埃及人赞叹不已：他们不但手艺好，还很有耐心，可以将金属打造得非常精细，做出这么重又这么大的面具，还能栩栩如生。我在这副金面具前，足足观赏了十分钟后才离去。

　　我们还参观了木乃伊馆。之前我听导游介绍了木乃伊的制作工艺，但亲眼看到木乃伊时，还是被木乃伊的样子震惊到了。我们在历史书中看到的著名木乃伊，都在这里展出了。古埃及人不仅把人做成木乃伊，还把各种动物做成木乃伊陪葬。还有那些记录在莎草纸上的象形文字和图画，距今已有3000多年了，却依然清晰可见，色彩鲜艳。这些独特的埃及文明，真是让我们大开眼界啊！

　　"读万卷书，行万里路"这句话可真有道理啊！这一次埃及博物馆之旅，仿佛打开了一扇大门，让我更进一步地了解了古埃及文明。

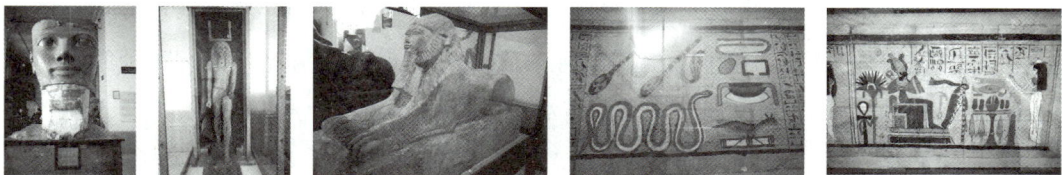

何泓锐

写于四年级

带我去"上班"吧

"上班"指的就是关注父母的工作。

"带我去上班",就是把孩子带到父母的单位去看一看。不知道各位父母是否记得自己第一天到职场中的感觉——新鲜。孩子也一样。这一次必将带来全新的感受,同时,也会改变他对父母的认识。

除了单位情况特殊之外,我们建议父母一定找个适当的时间,带孩子去单位走一走,做一次真正的职场体验。

有这样的想法并非偶然。我问过许多孩子关于他们父母的职业,可怕的是,居然过半以上的孩子说不清。我们知道责任不在孩子,出现这种情况其实有两种原因:第一由于特殊性,父母有意隐瞒。父母认真做好自己的事情,不希望孩子知道,总用"大人的事孩子别管"来敷衍。第二,父母并未说清。父母好像每天都上下班,似乎觉得孩子应该都清楚,其实误将自己懂认为是孩子都懂。结局是尴尬的,孩子只知道自己的爸爸是律师,但具体律师是什么,或者从事哪一方面的法律事务工作,他们是不了解的;知道自己的妈妈是银行职员,但具体在哪一间银行,具体从事什么工作,他也不知道;更不要说有一种误会——妈妈没有工作,是家庭主妇,其实,"照顾子女"就是她的工作。在很多国家,照顾子女也会得到丈夫、孩子的尊重。这些原因造成在大部分孩子眼中，父母就是神秘人。当然，不排除还有一种情况：为了保证安全，有意教导孩子不要跟陌生人说父母的工作。我们可以理解，但是当最亲的老师询问时，都有意隐瞒，这也有点防卫过度，缺乏对人应有的信任。我们从孩子的一脸茫然中知道，那不是有意遮掩，而是一种真实状态的不知道。

如今的社会相当多元，父母也需要注重给孩子应有的公民教育。所以，各个城市几乎都有了一种最新的娱乐场所，叫作"职场体验"。那些可爱的幼儿园的孩子到各个虚拟的职场体验场所中，让他们做法官、做警察，做公务员、做科学家、做医生……体验在职场中的感觉，算是补上这一课的缺憾吧。但虚拟的毕竟是虚拟的，倘若我们都能够在适当的时间，带自己家的孩子去上个班，又何必完全虚拟呢？

更何况，参观职场，更能让孩子懂得父母亲养育他们的艰辛。也许，经过体验，我们会发现：春节的时候孩子不会在意索要压岁钱，也不会在意压岁钱的金额。原先，他总是认为这些钱是父母应该给他的，以为父母只要出门上班，挣钱都是很轻松的。这种错误，一直要他们成为父母后才能改正吗？有点迟了。实际上，孩子真的太缺乏对父母工作的认可、对父母养育子女艰辛的了解了。再次强调，这一切，责任在父母。我们只是谆谆教导孩子要知道感恩，却不知如何让他自己获得感恩的体验。缺乏过程，只有结果，会带来更多的误解。

好吧，希望父母找个机会带子女去上班吧。你能够在全过程中给予指导。这不仅是一种亲子成长的有益体验，更是一种多元化的写作指导。

首先，在前往职场的路上可以给予指导。

在这个时间段指导的主要内容为"职业特色介绍"，指导的方式为"对话交流"。

平时孩子对父母的了解比较模糊，父母单位的地址到底在哪里未必有人知道，或者是仅有零散的认识。如今真的要去父母工作的地方了，可以结合行路的过程，借用这段时间，亲口讲述，为孩子串联起平时散碎的记忆。

集中介绍更有效。让孩子对即将前往的职场中的职业形态有比较完整、具体、清晰的认识。认识了职业，就是认识了在职场中的父母，就是从另外一个角度重新发现父母的生活状态。孩子只有认识了才知道：原来，父母的钱也不是天上掉下来的。这样的认识，能够增加他对父母的体谅，也有助于培养他的经济观。

特别需要说明的是，有的父母从事的是非常传统的行业，如装裱、手工制作、传统美食加工，甚至有的父母是非常厉害的传承非物质文化遗产的大师级人物，是某一种秘技的传承人。那么，倘若有这种情况的，孩子来到父母的工作坊，也许对传统工艺的继承会有利。

在如今这个年代，对传统手工业的认同，如果还是以"父子相传"的这种传承方式来延续，那么，失传的可能性就非常高。如果我们能够用"带孩子去上班"的方式重新唤醒，可以说是功德无量。

讲述，集中的讲述，让路途变得丰富，让写作的预热变得充分。

其次，在职场中的指导，以观察为主。

文章可写的内容也多与孩子观察的结果有关。

其一，看环境。

看看父母到底在什么样的环境中工作。印象非常深的是我们课文中的《慈母情深》，少年梁晓声为了获得一本《青年近卫军》而第一次到母亲的工厂去讨钱，第一次看到妈妈工作的环境，第一次听到那样隆隆作响的机器声，心中产生的震撼感终生难忘，也带给读者深深的共鸣。环境描写，有时候胜过千言万语，是最无声但最有表现力的描写，也是孩子最容易忽略的描写。当然，那样的环境在今天的职场中已经不复存在，我们不需要逼迫孩子写到这样的极致。但每个职场都有特殊的环境可以描写，只求你细心发现。

例如，现在我在研究部门上班，之前在学校上班。不管在哪里，我的孩子都参观过我工作的场所。在学校，他感受相当熟悉，这样的环境也不必看了，因为熟悉处没有风景。后来我带他去工作的研究部门，他突然间感觉四周静悄悄的，每个人都在埋头做着自己的工作，大家的神情都比较凝重和庄严，他有一种紧迫感。突然间，他好像知道了些什么，说："爸爸，现在你好像比过去更忙了。"看，这句话不仅是观察，更是一种对父母的体察，其中有情感融入了。

其二，看内容。

看看爸爸每天上班的内容究竟是什么。只有知道父母在做什么，才能够对父母的工作内容产生感受和评价。参观职场之后回到家中，谈及这些事情时，才有助于产生联想。孩子成长中经常会"使性子""耍无赖"，再遇到这类情况时，父母可以让他回顾父母工作的不易，让他知道不能一味索取，不要任意发脾气，给父母一些安静和喘息的机会。

绘本《云朵面包》中有一个画面：兄弟俩给爸爸送云朵面包，让爸爸飞行去上班。他们在离开爸爸的工作岗位之前，趴在窗口，久久不愿离去。他们想看看爸爸每天究竟都在做些什么。那个画面非常温暖，绘本创作者一定是个很懂孩子的人，能够直指人心。原来，每个孩子对父母的工作，都有无尽的好奇。有好奇，就有了写作的欲望。

其三，看同事。

在单位中不仅有自己的父母，还有父母的同事，通过同事了解父母，也是认识父母的重要渠道。同事可以大致分为两种：第一种是跟父母有紧密合作关系的"重要伙伴"。带孩子上班时，可以隆重介绍孩子认识。也通过这样的介绍，培养他与人交往的能力。奇妙的是，这也能增进大人之间的友情。介绍认识家人，是最能打动同事的交往方法。

还有一类为单位中的"其他同事"，可以带孩子整体观察。瞧，有重点有局部，有点有面，这是不是非常符合场面写作中的描写法呢？实际上，带孩子去职场体验，就是一种场面描写。只不过，这个场面中有更为丰富、具体的人，包含着写人的练习。场面中也包含着对职业的说明，还有点说明文写作的意味。

最后，在回家以后依然能够进行写作指导。

这个时段的指导，以孩子的表述为主。

其一，请他说说和父母一起去上班全过程的感受，谈谈自己"上班"的体会。这个叫"规定动作"。

其二，可以结合这次参观的经历，请孩子说说自己的职场梦想。相信大家会经常跟孩子聊：你未来要做什么？一般他讲得都非常空泛，大多是科学家、总经理之类的。如今，参观完父母上班的地方，对工作有了比较具体的认识，他应该会知道：原来，并不是满世界都是科学家、总经理，这个社会是由非常具体的各种各样的职业和岗位构成的，他可能会对自己的未来职业有更精准的定位和向往。当然，为了让孩子写得更好，你还可以补充说一些职场故事，让孩子在文章中适当添加这些故事，增加文章的亮点和色彩。

好吧，带孩子去上班，全过程都是写作指导的契机。再次呼告：让我们集中做一两次职场体验，只要不影响工作，带孩子多去单位走走吧。因为，关于一个职业，你要介绍的其实很多。

如果你有多次带孩子去上班的打算，还可以做更细致的规划，每次都介绍职场中的某一方面，每次都做某一专项的体验。你还可以安排一些有趣的事情。例如，到单位参加一次午餐，体验工作餐状态中的父母；到单位参加一次联欢，体验娱乐放松状态下的父母；参加一次单位组织的集体活动，看看在团队协作中的父母……也可以鼓励孩子在你的工作单位中，留下一个秘密。如，在一棵小树下种一朵小花；在一条小路旁藏几颗石头；在一个隐蔽的拐角画下一个标记，搭建一个仅供蚂蚁通行的秘密通道……总之，让他在你的职场中留下痕迹。这不仅是迎合童心，更是一种预设，下次再来的时候，这就是激活回忆的红色按钮了。

带孩子去上班，满满的都是童年写作指导的秘密。

小试牛刀—孩子佳作

跟着爸爸去上班

语文期末考试后，我跟着爸爸来到他的单位——福州教育研究院。我这才体会了一次"上班族"的生活。往常总听妈妈说"上班族"这个词，今天才知道，原来是这样的。来到爸爸的单位，看到的全是大大小小的办公室和会议室，几乎每个房间里都有人在埋头办公。相比学校，这里显得冷清了许多，也安静了许多。我想，也许这样的环境真正适合大人办公吧。

爸爸带着我走进了他的办公室，这是一个四面刷着白灰的简陋地方，十几平方米，安排两个老师办公，因此摆放了许许多多的桌椅橱柜，还有各种论文及资料等，我几乎找不到坐下的地方。爸爸挪开了一堆文件，给我腾出了点地方，让我能坐下来看书，而爸爸就在电脑前开始了他的工作。一个上午，我们都没说话，不是因为没话说，而是我不敢打扰爸爸。

时间过得非常快，不知不觉午餐时间到了。老爸伸了个懒腰，到食堂为我拿来了两个盒饭。"就吃这个呀？"我说，"这最简单的盒饭，怎么能满足我那张刁钻的嘴呢？"我随便吃了几口，就再也吃不下了。爸爸没有逼我，但和我不同的是，他对这普普通通的午餐早已习惯，三下两下扒完了他的饭。原来，上班族的工作可不像想象的轻松啊。

餐后，我们父子俩又各自沉寂在自己的世界中。爸爸的目光依然投向电脑，我的眼睛又投入书本。在寂静的办公室里，我们就这样相处了一段时间。很快，我又烦躁了，便站起来，不知道要干什么、目的地是哪里，只是四处走走。过了几分钟才回到位置上。一看，老爸依然在工作。又过了几分钟，我又悄悄地溜了出去……就这样走了好几圈，而老爸几乎没有挪过窝。相比而言，我有点像钓鱼的小猫，三心二意。我真的有点触动。

　　到了快下班的时候，居然还来了许多老师找老爸备课。这一聊又聊了好半天，过了下班时间，爸爸也没有收工的意思。老师们讨论得很热烈，我不由自主地被吸引，也听他们说些什么。在聊天过程中，我听到爸爸说起了周星驰的电影，说出了他对其中一些台词的看法。我大为惊讶。原先我只羡慕爸爸能够随意地在睡前看电视，心里甚至有一些嫉妒。可我哪里知道，爸爸每天做的事情有这么多，只是在睡前看看电视，作为消遣和娱乐。要换作我，肯定要大玩一阵子。他的生活是这样的简单，而且他看电视不只看情节，还会注意那些语言、细节。原来，看电视也能够让他教好语文啊。

　　这次去爸爸单位，跟着爸爸上班，切实地体验了一回最朴素的上班族的生活。不过上班族的生活，还真和我想象的不一样啊。

何泓锐

应用篇

儿童写作应用，靠"用"。
越用越熟，越用越顺。
你说不清，
是写作服务生活，
还是生活服务写作。
原来，
生活就是写作，
写作就是生活。

带我做计划吧

凡事预则立。

这是古话，在理。话中的"预"就是做计划的意思。整句话连起来就是告诉你：不管做什么事，只要有计划，成功的可能性就更高了。所以，我们接下来谈谈另一种类型的写作指导——写计划书。这属于应用型写作，也就是说，所写的文章并不单纯为了欣赏，而是真正地能在生活中用得上。这并不代表之前我们指导写的都是"梁山军师——无用（吴用）"的文章，只不过，像计划书这一类的文章，用处更大，更明显，更直接。

说到写计划书，孩子很陌生。在他们的生活中，很少有列出计划的机会，他们的生活基本是被安排好的。每天起床后，按部就班地上学；每天回家后，一如既往地写作业。至于其他时间，父母早就设定

101

好啦。即便是寒暑假，生活也被安排得有条不紊，密密麻麻。久而久之，他们几乎丧失了计划的能力，自然不知道还有一种文章叫"计划书"。就是对"计划"这个词的了解，也成为稀罕事。所以，指导孩子写计划书，不仅仅是一种应用性文体写作，更多的是一种生活的规划。

真要指导孩子列计划、写计划书，并不是那么简单的事。在提笔写作之前，你可以和孩子一起做好以下四项工作。

第一项，告知。

告诉孩子即将要做的事情，整个"项目"让参与人——孩子完全知道。其实，这是让父母变得轻松的一招。试想一下，孩子和你都很明确要做什么，得到真正便利的是不是就是你啦！而这一步，也是列计划的前提。

例如，我们在寒假来临之前，就告诉儿子：这个寒假，准备前往埃及旅行。目的地明确，这就是我们的项目。

第二项，商讨。

针对预期目的，可以商讨的很多。例如，如何前往，参考交通方式；如何安排，参考执行的步骤；为了达成目的，必须提供哪些保障……**在商讨中，父母应多听孩子说，应提供自己的经验而不是凌驾于孩子之上。记住，是商讨，不是提出要求。**即将开展的活动，达成目的的每一个细节都值得商讨。商讨，就是父母和孩子的对话，也是为写作做准备。商讨，是让计划更顺利完成的保障。和孩子商讨，孩子和你共享思维。

第三项，查找。

为了达成目的，可以让孩子事先查找一些资料。还是那句老话"凡事预则立"，相关的资料，能让你对即将投入的项目更为了解，能够帮助你考虑得更为周到，同时，能够让孩子不感到陌生，更有完成的把握。计划，也在了解的基础上更具可行性。很多时候，我们带孩子进入一个项目，孩子会表现出"不服管""不听话"或者是"不擦长""不习惯"。此时，父母要想一想：孩子是不是在一无所知的情况下进入的？所以，他表现出来的状态，就是一种对陌生事物的条件反射。而当孩子坐拥更多信息的时候，他就对即将发生的事情有了预估。心里有底，手头就不慌了。

第四项，构思。

如同所有的文章一样，计划书也需要事先构思。而且，相比于文学性写作，计划书写作更讲究简洁、清晰。因此，构思更显重要。构思，比较集中于两方面：一是步骤，该怎么做；二是合适度，这么做可行不可行。

万事俱备，只欠东风。做好之前的四步，就可以让孩子真正着手写计划书了。

最后一步，写计划书。

关于"格式"。与以往不同，计划书属于应用型文体写作，有特定的格式要求。格式，就是大家都认可的样子。写计划书，就是要大家照计划执行，所以必须有个既定的格式，不能任性。

但是，也不要被"格式"两个字吓住。我们建议大家，关于格式，心中有，基本像，就够了。不要过于强调，只要写得"像那么回事"就好，因为我们是练习写，可以从最简单、最基本的练习开始。要是过于拘泥公司里的计划书格式，那就是自己设置障碍啦。

计划书到底应该"长什么样"呢？

第一，第一行正中间，写上"计划书"三个字。或者也可以写写具体的计划项目，如"关于和父母去旅行的计划书"。就这么简单，第一条讲完。

第二，第二行起，按照作文的格式写。怎么样？是不是更简单，更意外。不过，写的内容有要求，内容就是格式的组成部分哦。先写的内容是"目的与说明"，在计划书的开始，先引导孩子写出本次活动的目的，或者简单说明一下本次项目的意义，也可以描述一下本次活动和其他活动之间的差异……总之，把要做什么讲清楚。只有目标存在，计划才存在啊。更何况，你想想，读者阅读你的计划书，如果要跟着你的计划行动的话，首先必须知道你要做什么吧。这样计划才能顺利执行，这样执行计划才能不盲目、不忙乱。写项目的话，要做到清晰简洁，不要拖沓。

关于项目列举。这个部分建议大家分点写，一步计划写一点。这么写，就很有格式感。到底写些什么呢？给大家做个小小的归纳——"三清"原则。

第一清，清醒。一步一步该做些什么，醒目地罗列每个步骤的小标题。读者一看就很清醒，就知道自己该做些什么。我们提倡在写计划书的时候做个"标题党"，其实，好的标题就是高度概括、精准归纳，这也是对孩子表达的训练。例如，出国旅行，写旅行计划书。写下"第一，护照办理"的标题，别人一看就知道，该办理出国的签证手续。紧接着写"第二，了解国情"，读者一看就知道，这点不可或缺。就这样，按部就班，一步一步往下写。

第二清，清楚。一步一步怎么做，内容务必表述清楚。有了好的标题，还要填充好的内容。计划书写得不要拖沓，冗长不利于读者按照计划进行。倘若这个计划书是给孩子自己用的话，很可能因为信息过载而导致误读，或者因为太多而导致忘记。所以，必须清楚记载每一步的行动。例如，在"了解国情"这一步中，孩子可以写计划携带的物品、计划了解的风土人情、计划做的特色行程等。在这一步中，我们就要清楚地写。内容，就是给自己看的，就是要产生服务功能的。

第三清，清晰。一步一步如何安排，顺序、条理必须清晰。别忘了，我们是写计划书。是计划，就要按照计划执行。所以，环节清晰，表述清晰，内容清晰，能清晰的都要清晰起来，这都是写计划书的意义所在，也是确保计划能够执行的写作力量。

我们这一节提出写计划书，应该是孩子在学校期间很少触及的写作文体。

的确，学校很少教，但这正意味着父母要补上这一课。因为在孩子未来的生活中，他们几乎都会遇到列出计划、按照计划执行的生活现实。同时，从此时开始，我们要尝试改变对"作文"的认识。不要以为"作文"都是文绉绉的，都是像诗歌一样的，都是文学性很强的东西。有时候，结合生活写作，写的文字虽然生硬，但写下的东西很管用，我们就形象地称之为——应用文。写好这一类作文，并不像想象中那么简单，它有过程要经历。以写计划书为例，要经历由小到大的过程。先是小事做计划，因为计划也简单；然后是大事做计划，事情越大计划越多；再然后是大、小事都有计划。要经历从慌忙到从容的过程。没有写计划书，做起事来就不免慌慌张张，匆匆忙忙。有计划书写作，做事有"提前量"，就不至于到了最后关头才匆忙应对。不过，我们相信，这样的转变需要一个过程。即便是做了计划，也可以有回旋的余地，有调整的"再计划"。这就是我们常说的"计划赶不上变化"。根据情况的变化做出调整，这原本就是一种计划精神。

最重要的最后说，要有个习惯养成的过程。

慢慢地，做得多了，做得惯了，把做计划做成习惯，这有可能让孩子获益终生。

小试牛刀—孩子佳作

减肥计划

大概在我三年级的时候，我放学经常买东西吃，日益渐胖。老爸看我发胖，便定下如下规定，帮助我减肥。

一、每天六点半早起与老爸锻炼。

二、老爸带头做好榜样。

三、锻炼项目：

1.仰卧起坐 300 下。2.俯卧撑 10 下一组，练 5 组。3.单杠收腿 50 下。

四、每日除有特殊情况外，需跳绳 1500 下。

五、改掉放学吃比萨的习惯。

定下这个规定，就相当于给我开启一个新的生活方式。从那以后，我坚持锻炼，

减肥很成功。再加上控制饮食，一个学期就瘦下来啦。

　　仰卧起坐，我原先是在垫子上做，表姐帮忙压着，做得很吃力。不久身子瘦下来啦，我做得就轻松多了。之后，我刻苦练习，可以在爸爸的仰卧起坐器上练习。如今，自己心里挺得意：从开始减肥至今，我进步不小啊。进步不小，也退步了不小：在没有发胖之前我的身材多好啊，记得以前俯卧撑可以做 30 下，而现在，估计 10 下就累了吧。我也后悔：为什么那一阵子我贪吃，给生活带来了不少麻烦。

　　但也正是有了定下的规则，我才又瘦了回来。计划好定，坚持不容易。很快，我因为管不住自己的嘴巴，又快要变回原样，而且人也开始懒惰了。大概是在某些方面很满足于现状吧。幸好，这个时候，爸爸拿出定的规则，让我记起来，重新开始了锻炼……

　　今天，大家说我的体型还好，可将来会怎么样，我不知道。在摆脱规则的生活里，我又会变成什么样子，我也不知道。但我想把规则贴在床头，我想继续锻炼。未来更不容易了，更多的课程等着我。但坚持，就一定能成功。

何泓锐

带我去调查吧

名师指路 — 写给家长

生活中，我们看到的往往不是真相。"后真相"，这个词非常热。"后真相"顾名思义，说的就是真相背后的那个才是真相。**实际上每一个后真相的背后都还有一个真相，我们需要做的就是——调查而已。调用信息，查明真相。**

会不会感觉这一节有一点沉甸甸的？其实，生活中，无时无刻不需要调查。

譬如，早上起来，妈妈尖叫一声：到底谁忘了冲马桶？放学回家，爸爸惊奇地发现：早上走的时候，谁忘记锁门啦？做饭时，你突然间发现水龙头哗哗地流，便高声责问：谁，有前手没后手，忘了关水龙头？生活中有好多事都需要调查，而这一次我们说的就是带孩子去调查，指导孩子写调查报告。请千万不要以为写调查报告是有多么伟大、多么复杂的事，不要固执地认为这是"大人的专利"。我们看

电视，那个"福尔摩斯"，简直帅呆了。这次，我们就让自己成为"福尔摩斯"吧。

其实，如果我们正确地认识写作，不难发现：**写调查报告，远比在家里憋了半天写出一篇虚假作文，来得有意思。**写调查报告，远比你费尽心机借用不少好词好句，写出了一段没有意义的话有价值。调查报告，这是一种在生活中用得上的文体；指导孩子写调查报告，可以成为亲子写作指导中很有趣的一节，也是儿童写作课程系统中亟待补上的一课。

> 首先要认识到，调查后写报告，是一种非常特殊的、对生活极有益的能力。

这种能力，不仅是写作，更可以服务生活、面向未来。调查的过程非常有价值，我们可以用拆字法，分开来说。所谓"调"，就是指调动各种力量来获取信息。父母指导孩子获取信息的各种途径，今后都能用，都是能力，都具有价值。

例如，上图书馆，通过网络针对某一话题查找资料，查找能力得到锻炼；又如，孩子可以向家人打听，通过家人介绍获取资料，听记能力得到锻炼；当然，最专业、最具特色的，就是实地去查看。比如，想看一看早上繁忙的街景什么样，就可以走到路口，走到天桥上，架起一部照相机，每隔一段时间拍下一张照片，就会掌握一组信息，还可以统计成一组数据。**调查，本身也是一种能力。很多时候，我们想看到真相，想要答案，都需要通过"调查"获取。**最简单的，父母想要了解一所学校到底办得怎么样，可以到这个学校去调查。问问老师，问问同学，甚至可以问问校长……也许，有时候他们未必会回答你，不要紧，问问校门口等待的家长，一切都有答案。当然，这个答案只是信息，还要经过"查"。现在，我们说到的"调"就是调用各种信息为我所用的意思。

那么"查"呢。可以关联一个词来理解，这个词是"查证"，"查"就是证明推测的过程。有了信息以后，这些信息还必须经过你的推测，经过印证，要不断追问，不断思索。"查"还有查找的意思，也就是强调再次收集素材、证据、资料，和之前的"调"相呼应、相补充。调查报告写作，很注重发现的过程，也许读者不仅仅需要一个结果，更需要分享你的结果、了解你的经历，这反过来也有助于认可你的结果。

整个调查报告，非常注重过程。过程是事实，结果才可靠，调查报告，就是用文字带着读者寻找真相，展示的是作者亲身介入、不断探索的过程。所以，一份报告要想打动读者，获取读者的认同，不是靠优美的语句，而是靠深切的"认同感"。认同感，源于清晰的记录、准确的表达、数据的应用、资料的统整。

写下一份调查报告，不可能是坐在家中想出来的，必须是走出家门，真正展开调查后写下的。

在这一节中孩子可以体会到：智慧，源于实践。当我们讲述调查报告写作，主张走出去，才能写真、写好。当你真正调查后，就可以写报告了。父母指导孩子写作调查报告，非常有意义。别的不说，整个指导过程，孩子将经历很特别的写作体验。通过写作，统整信息，综合思考，理性判断，表达观点。同时向更多的人交流自己的思想、主张、见闻，整个过程，是很圆满的吸收、整理、表达、分享、影响的传播过程。

其次，重点说说怎么指导孩子写报告。

报告，就是向大家汇报说明的意思。所以，在指导孩子写调查报告时，父母可以从以下五个方面入手。

第一，指导孩子写调查的目的。

为什么要去调查？因什么缘由而停止调查？调查的意义是什么？把"目的"写清楚，报告也就更有意义。你的目的，也许和读者的期待相吻合，读者只要看过这一段，就会产生兴趣，就会认同。你的目的很正派，就会引发更多人的关注和认可；你的目的很奇特，就会引发同样有探索欲望的人追踪阅读。所以，写清目的，是撰写调查报告的第一步。怎么写？直接写。基本上可以直言不讳地说出来。用"因为……"的句式，或者以"为了……"的句式，直截了当地写，不绕弯子。

第二，指导孩子写调查过程。

这是调查报告中的重头戏。为了达到目的，你做了哪些事？这些事是怎么做的？分为哪几个步骤？每个步骤究竟又做了些什么内容？把整个调查的过程写清楚，才能对调查结果的可信度做好辅助证明，读者才能信任你。对过程的阅读，也有助于读者产生认可感。过程写得越真切、越细致、越完整，读者越能够产生认同感。所以，为了使过程写作质量更高，父母务必带孩子真正参与实际调查，不能为写报告而假装调查、虚构调查，甚至是伪造结果。这样做，失去写作的意义不说，还可能产生负面影响。

第三，指导孩子写调查的结果。

经过调查，最终得到什么？结果。结果，是调查报告中最具阅读价值的部分。其实，读者看你的报告，也就是分享你的结果，所以结果的表述不能模棱两可，不能含糊其词。要让孩子比较鲜明地表达自己的主张、见解，比较直接地提出自己的观点，比较明确地表达自己的态度，一句话：让结果清晰可见。当然，有的时候，也要考虑到不同读者的取向，不要在表述时把话说得太"绝"，尽量不要做很简单的是与非的判断，很多时候，结果并不是"1+1=2"这么简单的叠加。结果，要说出的是"1+1"会产生怎样的变化，这个变化就是作者的个性化认识，是更值得分享的结果，是用文字和读者对话。

第四，指导孩子写调查分析。

针对结果，你还可以进一步进行分析，推演这个结果在不远的将来会有什么变化：如果改变一些条件，结果会有什么改变？如果改变一些过程，结果还是这样的吗？总之，还可以指导孩子二度分析结果，在结果的基础上进一步写出自己的真实想法。分析能力，是这个时代的孩子普遍缺乏的能力，可以通过本次写作适当做提醒、做弥补。

第五，指导孩子写调查的建议。

在按照一定目的展开调查过程、拥有调查结果、做足了调查分析之后，还可以写一些自己的建议：针对现状，如何改进？怎样做得更好？能不能避免重复性的错误？这些建议写在调查报告的结尾处，能够和读者分享更多的信息。提醒孩子，调查报告不能只是自己写个痛快，要注重别人是否读懂，心中要有读者，要有对象感。要想到针对不同的读者，选用不同风格的语言，一定让读者看明白，否则白写。例如，读者是老年人，可以写得沉稳一点；读者是同龄的孩子，可以写得活泼一点；读者是专业教师，可以写得严肃一点；读者是父母，可以写得家常一点，轻松一点。读者不同，风格也跟着变化，调查报告也就会更受读者喜爱。

　　既然是做出一份报告，就要有服务意识。服务意识指的是：调查本身有意思吗？这个报告的选题有价值吗？这个报告对别人有借鉴作用吗？报告中间出现的现象和结果能引发人思考吗？报告中给出的分析和建议对别人有帮助吗？孩子在写的时候，父母可以指导他心中有一种"为他人着想"的理念。这样一来，这个报告就更有价值了。写调查报告并不是你想象得那么难，我们不需要得出多么辉煌的结论，我们只需要孩子亲身经历这个过程。同时，要用一种强烈的读者意识来写作，用一种比较像样的报告文体来呈现，用一种对别人负责的态度来写作。

　　带我去调查，这可能是童年必须经历的一次体验吧。

小试牛刀—孩子佳作

垃圾车家族史

　　如今的福州，大街上车水马龙，川流不息。唯有一种车，每到特别的时刻，就出现在街头。它虽然不起眼，但对这座城市起到了至关重要的作用。没错，它就是——垃圾清洁车。名字虽然不好听，但我们一天都离不开它。

　　别看垃圾车现在打扮成变形金刚的模样，有机械臂、大钳子、电动扫帚、喷洒器……它可是经过漫长的演变才有今天。让我们来说说它的"家族史"吧。

　　听爸爸说，在他小的时候，也就是20世纪80年代，福州垃圾车就是四块木板围成的板车。车底下两个轮子，靠人拉动。每当夕阳西下，总会听到"叮叮当当"的摇铃声传来，打破了小巷的寂静。只要听到铃铛声，家家户户就拿着装满的垃圾桶站在门口，等到垃圾车走到跟前，快步上前，捏着鼻子猛地一下把垃圾翻倒进车里，然后快速地跑开。垃圾车就继续在铃铛声中远去。只是倒完垃圾后，不仅是垃坡车，连整条巷子都散发出浓浓的臭气。那是"爷爷辈"的垃圾车。

那"爸爸辈"的垃圾车又是什么样呢？我很好奇。妈妈告诉我，福州市很早就提倡了垃圾袋装，大家都把自家的垃圾装在袋子里，扔到指定的垃圾桶里，那种板车垃圾车很快就被汽车垃圾车代替了。一辆垃圾车的容量可是板车垃圾车的十几倍呢。

"那就可以一下子装走好多垃圾了？真像个'大胃王'啊！"我一边说一边在空中画出一个大大的圆，像垃圾车的大肚子。

"可不是嘛，只不过吃下的全是我们产生的垃圾啊！"妈妈笑着回答我，"不过这种垃圾车还得靠环卫工人手动喂。"妈妈这么一说，我记起了小时候在街头看到的景象——环卫工人很费劲地把一桶桶垃圾倒进垃圾车里。

现在的垃圾车可是一个"胖高个儿"，它一身绿衣裳，车头小，车厢大，一个大大的环保标志在大车厢的醒目位置。和垃圾车的"爷爷、爸爸"不同的是，它能自动化地进行工作。我就曾在一个晚上，仔细地观察过垃圾车收垃圾的情景：早上熙熙攘攘的街头，到了夜晚渐渐恢复了平静，一个个高大的垃圾桶整齐地在路边排着队。这时开来一辆大型垃圾车，只见它的后箱自动伸出一个铁钳子，扣住两个垃圾桶，用力一抬，两个垃圾桶立刻倒扣到了车厢里。车厢里的挡板一提，垃圾就落到了里边，挡板一关，垃圾死死地被锁在了车厢里。这真像一个自动化的机器人在大口大口地吞掉垃圾啊！不一会儿，十几个垃圾桶的垃圾全被它吞下去了。我不禁为这能干的"大家伙"叫好：现在的科技真是先进啊，运用在环保方面，不仅大大改善了环境，还省时省力。但唯一美中不足的是，垃圾车一开动，仍会有污水渗漏下来。幸亏环卫工人及时用水冲刷，地面才又恢复了干净。

我想发明一种垃圾车，在车厢底部安装一个污水接槽，当污水从垃圾里渗出来时，直接通过车厢里的导水槽流到车厢后面的污水接槽里。这样的垃圾车就不会再滴漏污水了，那该多好啊。

　　放下笔，我又想起垃圾车正在路面工作着，仿佛看到了爸爸说的板车在路上摇铃行驶着，但那样的日子一去不复返了。我们要用科技，让生活更加洁净、美好。因为保护环境，就是保护我们人类自己。

何泓锐
写于四年级

带我去发言吧

发言，看似很平常。但，发言真的是一门技术活，值得独立一节来介绍。

在家中，父母和孩子说话，可以看作一种最为平常的发言。即便是这样，也并非简单到——只要张嘴就行。讲得不清楚，孩子无法听懂；讲得太严肃，孩子听着就怕；讲得太轻松、太幽默，孩子不明白。发言，很讲究，有核心技术。

在生活中，我们也会遇到当众发言的情况。如果听众少，那就是小范围宣讲；如果听众多，那么，几乎可以算得上是大型演讲啦。总之，无论范围多大，所有的发言都将对孩子本人产生影响。发言后，也许将起到各种各样意想不到的作用。也许，还将带来他人生的改变。

基于此，本节针对"如何写好发言稿"，集中探讨这个话题。

撰写发言稿，确实是个陌生的话题。我们每天都在发言,但很少正儿八经撰写发言稿哦。先让我们简单科普一下。发言有多种形式,例如:有稿子的发言,没稿子的发言,这两种差别最明显;有稿子但选择脱稿发言、即兴发言,那就是高手啦。有的孩子确实有这样的素质,但毕竟是少数。因此,我们强调父母更多给予孩子指导。鼓励孩子从头开始,先写好发言稿,然后持稿发言,做到"手中有粮心不慌",人不慌了,发言才有感染力、影响力,宣传才有效果。当然,写好发言稿后,你也可以采用脱稿发言,或者是半脱稿发言,最不济也可以照本宣科——念稿发言。没关系,刚开始练习写、练习发言,怎样都可以,根据自己的能力来,慢慢进步。

写好发言稿,只需记住三个关键词。第一,叫需要。第二,叫情境。第三,叫语言。

先说第一点,"需要"。

需要,就是每次发言之前,都要想清楚的"本次发言的目的"。想都不用想,"需要"很重要吧。因为写作也好,发言也罢,都是为达成目的而做的尝试、实践。确认好"需要",也有三点注意事项。

第一,"需要"要明确。本次发言的目的是什么,请指导孩子明明白白讲出来,不要模棱两可,也不要让听众去猜测,说出来的目的本身更不能混乱、有歧义。那样,发言收不到想要的效果,甚至会产生负面影响。

第二,"需要"应简而少。每次发言,最好仅限达成一个目标。即便有多个目标,建议大家尽量分成多次发言,分别阐述。当然,我们也会看到一些发言稿中确实一口气提出了若干条"需要",除非发言者本身极具号召力和个人魅力,否则,需要越多,干扰越大,听众越纠结,越不清楚你到底要什么,发言效果越不好。所以,我们依然主张:每次发言的"需要"都简单点、少一点,最好是一条,明明白白。特别是在父母指导孩子练习写发言稿的阶段,目标不要定得太多,这样更有助于产生实效。

第三,"需要"应具备正能量。有的时候,孩子会为了一己之私而发言,如要强占别人的玩具,要求别人给予自己帮助等,有点过分。这个时候,父母的指导就是让孩子调整目标,要给予一定的正能量,要让孩子有正义感。其实,目标不正,即便把发言稿写出来,或者当众发言了,那也会适得其反。所以,拥有一颗善良的心,带着正义的目标去发言，这成了我们指导中的第一要义。要想做到这一点，父母不能临阵磨枪，应该时刻警醒，长期关注。

再说第二点，情境。

什么叫情境呢？这个词拆开来成为两个字——"情"和"境"，很容易理解。"情"指的是情况，"境"指的是环境。究竟怎么看发言稿写作时需要考虑的情况呢？父母可以让孩子结合具体的事例，发现三种情境，从三个方面来认识。

第一，情境是一定的事件。例如，参加各种竞选，每个参选者在竞选期间发言，都会面临同一个事件——参加竞选。这个竞选事件就构成了发言的情境，围绕着这个事件，竞选者要做出各种各样的选择，还可能延伸出各种各样的事件，呈现各种各样的表现。所以，每次的竞选都是事件风暴最集中的情境。

第二，情境有可能是一个时机，或者简单理解为特殊的时间。例如，购物狂欢节前，网商总爱发表演讲，总要公开发言。为什么呢？原来他们要抓住这个关键的时间，鼓励大家消费。这里发言仰仗的情境就是一个时机——在购物节来临之前。这可是个重要的发言机发哦，一言千金，发言得当，当然有助于销售。

第三，叫"心境"，也可以理解为"心情"。比如，当你心情低落的时候，找好朋友倾诉，就能舒缓自己的心情，这个"心情低落的时候"，就是这次发言的情境，情境不同，发言稿的内容自然就不同。大家看，将发言的"需要"与"情境"结合起来，你会越来越发现写作是有章可循的。该写什么内容，能结合对"需要"和"情境"的关注，做到心中有数。

所以请父母在指导孩子时提醒自己：写作前让孩子对"需要"和"情境"进行确认，是发言稿写作指导和写作实践的必要工作。

再说第三点，语言。

真到动笔写的时候，我们就一门心思地关注语言，把发言稿写精彩，写精致，精益求精。可以说，语言几乎决定了发言稿的推广价值，体现了发言稿的写作意义。发言稿写成后，能否达成发言目的，能否满足发言者的需要，都要靠发言稿中的语言来实现。关于发言稿语言的锤炼，我们有三个建议。

第一个建议，表达要清晰。

发言稿的语言不要拖沓，不要含糊，不要让听众去猜测你的意思。清晰地表述，直接、简单地表述，特别重要。

第二个建议，内容要简短。

语言要尽量简短，否则再重要的发言，也会因为话太多而让听众感到厌烦。发言稿的语言要短，短就显得有力度。短小配合精练，是发言稿的语言绝配。记住，写发言稿的原则就是：有话则长，无话则短。

第三个建议，要强调文采。

短归短，但要特别注意文采，写短而精的好发言稿，确实是个挑战。优质的发言稿都很注重文采。这和其他的应用文不同，发言稿要靠文字打动听众，要靠声音征服听众，因而文采起到关键作用。

例如，有史以来最动人的演讲稿——《这片土地是神圣的》就是这样。印第安酋长要把西雅图转让给白种人的时候，写下了这篇发言稿，那文采，真叫绝，很难把他和印第安酋长联系在一起，然而，还真是酋长借助着发自内心的热爱写下的，被人们传诵为最美发言稿。也许你会说，学不到"最美"，那就让我们不断行走在追求"最美"的路上吧。

父母要给孩子写的发言稿多给予指导，多在语言上把关。父母可以直言不讳地告诉孩子：你的发言稿体现了你的水平，有多少劲儿就使出多少劲儿，学到哪些修辞手法都可以用上。让发言稿像诗一样吧。其实，文采，也源于思路，有的时候思路清晰，文采斐然，如有神助，不需要花费力气。

文采还要体现"心中有读者"。不同读者听你的发言，感觉到的"文采"是不同的。

发言稿的文采，要想打动读者，就要跟读者的审美相匹配。对于孩子而言，假如是向农村的小伙伴发言，那么你的文字中就要有一些乡土气息；向世界人民发言，语言就要大气，有度量，有情怀。女生之间的闺蜜互相发言，就要追求细腻，要符合闺蜜的小清新，小爱好，要说她能听得懂、会喜欢听的、能入心的话。文采，是指更多地考虑读者的需要。

父母指导孩子写发言稿，还必须告诉他：发言稿一旦真正地宣读，就要说话算话，说到做到。所以，为了不让自己被动，在发言稿宣读之前有一个预案，要做好和听众互动的准备。千万不能想当然，不要觉得自己发完言就一走了之。真要走了，发言的效果也将打折扣。发言结束后，可以稍做停留，询问听众：你有什么听不懂的吗？你有什么要关注和追问的吗？你有什么想法要交流吗？多询问，更有助于和听众沟通。发言过程中要关注听众的反应，发言之后要和听众互动，这就叫作交际。发言稿，也是和读者交际的功能性写作。

最后，希望大家做个有担当的孩子。父母指导孩子写发言稿，要强调说：这可不是写写而已，不能光说不练。发言完，鼓励孩子可以主动邀约听众，向着理想、目标一起奋斗。那不是一件很快乐的事吗？发言稿，不是更为有效吗？发言稿，不正是行动计划、行动纲领吗？每个人的目标，都不是靠语言达成，而是靠行动达成的。写作，也是一种行动。

写下发言稿，写下你的行动计划，然后，付诸行动，让更多的听众成为你的同盟。

小试牛刀——孩子佳作

忘记历史的民族没有未来

亲爱的同学们：

大家上午好。今天我演讲的主题是《忘记历史的民族没有未来》。

　　从小到大，我们都生活在幸福的环境中，都有一个幸福的家庭，所以我认为我们中华民族是一个幸福的大家庭，直到我学了《圆明园的毁灭》这篇课文，才知道中国历史上还有一个百年噩梦。

　　圆明园是一座举世闻名的皇家园林，它的面积是350多公顷，有万园之园之称，仅建造就花了150余年，可这座建筑宏伟、又收藏着奇珍异宝的园林艺术瑰宝，于1860年被英法联军侵入，抢劫一空，最后，一把大火吞噬了圆明园，现在只剩下残垣断壁。

　　英法联军不仅在中华大地上横行霸道，烧杀抢掠，还毁了我们古代建筑艺术的精华。这座浓缩世界名胜的园林艺术，就这样毁于一旦，多少中国人民智慧的结晶，就这样消失于大火之中。这样屈辱的历史，我们怎么能忘记？

　　不忘历史的最好做法就是要振兴中华。同学们现在的努力，即便是一点一滴，积累起来，长大以后都可以为振兴中华出一份力。我现在喜欢机器人，爱编程，长大以后可以设计发明出更多、更新、更实用的机器人；有的同学喜欢运动，也是为振兴中华强健体魄。所以我们现在应该勤于练习，锻炼好自己的特长，不要半途而废，要为将来做祖国的栋梁打下坚实的基础。

　　同学们，我们除了要提醒自己不忘这段历史，还要练就过硬的本领，为振兴中华而努力。我的演讲到此结束，谢谢大家！

何泓锐

写于五年级

带我去绘图吧

没错，本期讲的就是，绘图。没错，绘图也是一种写作。

实际上，父母可以想一想：文字，是不是一种符号呢？作为符号的文字，是不是一种图形呢？图形，是不是一种文字呢？一幅图，是不是一篇文章呢？

这些问题一定让你头晕了吧？并非有意为难你，只因为这原本就是相互关联的事。好啦，暂且放下这些"绕弯子"的话题，本节说的是——绘图写作。画与写，实现一体化指导。用画图的方式替代语言表达，用图像这种生动、鲜活、直观、多彩的语言，让孩子整体感受表达的乐趣。图画，有与生俱来的三个无与伦比的优势：很酷炫，很诱人，很有效。

其实，读图时代早已来临，这并非什么新鲜事。在我们的生活中，越来越多的时候，我们会用图画来表达意思，用图画来代替文字，有人说这是时代的进步，但只要你来到一个个远古现场，就会发现，我们的先民早已进入了如今时尚的"读图时代"。而今天，我们仅仅是将图画这样优质的表达少量继承和运用。例如，卫生间的标志，不写明"男"和"女"，却绘出表示男与女的图像，让人一目了然。例如，用图示法辅助说明，在公众场合随处可见的逃生示意图、路线导引图，不留文字，但我们可以按图索骥，知道如何行动，如何保全生命。图，和你的生命都有关联。例如，用图像

120

表示一种信念，一个简单的图像背后有一大段、一整篇，甚至是一整本的文字阐释，这就像是"图腾"了。我们中华民族的图腾是龙，我们都是龙的传人，而这种不存在的动物组合，只要成图，就定格在每个中华儿女的心中。我们不再纠结它的存在性，我们坚信它承载着民族的精神，我们崇拜这样的图腾，真正传承着中华民族上下五千年的文化。今天，文化在演变，在发展，但那个龙的图案已经深深烙在我们心中。

你还能说图不是文？你还能说文不是图吗？对于绘图，我们知道它涵盖的范围很广，倘若这样说开去，不利于父母进行指导。不妨选择其中一个来具体聊聊。这一个，就是和我们生活关系密切的，经常用得上的——导游图制作以及写作指导。

制作导游图，你需要的是：寻找，关注，想象，绘制，表达。五步统整。同时还需要几分娱乐的心态。整个过程，让写作和绘图组合成为快乐的心灵之旅。以"导游图"为例，我们先跟大家说说如何指导孩子绘制线路图。

第一步，明确线路。

想一想，如果线路都不清楚，甚至出现差错，还谈什么"导游"？所以，行走，并绘制最简单的线路图，就是指导中最关键的"起步"。如果说，导游图像一个完整的人，那么线路图，就是人体的经络血脉的布局，而其他部分的景观、配置等，就是建立在这个布局上的器官、肌肉、骨骼，只有所有的部分组合完整了，才是人。这一切，都需要挂靠在经脉之上。经脉，就是整个人体的运行走向、生命流程。要想绘制好线路图，必须到实地走一走。不知道大家发现没有，在本书的所有章节，我们一直都在主张——亲自去实践。我们崇尚教育家杜威的"做中学"，我们把它贯彻为做前就学，做中更

要好好学，做后还要继续学。

当你来到一个景点，确定好游览路线后，亲自走一走，一路走一路就指导起来了。父母在行走中指引孩子关注景点的导游牌，按照导游牌的指引，确认行走的路线，慢慢走，欣赏啊。同时，还要指导孩子一边按路线行走，一边绘制路线行走图；每经过一个拐点，或者到达一处景区，都要做好简单标注；并且一边走一边交流观景感受。

整个过程，非常像写作之前的构思酝酿。我们不能慌慌忙忙地写下某一段话，必须先构思好，安排好，如何行文，如何让素材出现具有合理的先后顺序，如何调整各个部分写作的轻重缓急。现在，我们做好第一步，就是让孩子有个预热，有个准备。

第二步，绘制微缩景观。

在一个地方参观旅游，会遇到很多景点，这些景点有不同风格，不同形状，不同内涵，不同气质。每到一处，都可以指导孩子用简单的几笔把这一处景致绘制成一个小小的图标。例如，一个小的飞檐，就表示这里有一个亭子；又如，经过一座桥，我们就画出一个弯拱，再添个桥洞，就代表这里有座桥；穿越一个竹林，我们画三株竹子，就代表竹林；在游乐场，我们画一个滑滑梯，作为游乐场标识。孩子应该能发现，所谓"图标"，就是抓住景物最典型、最突出、最集中的特征，经过联想和加工，用简单的几笔描绘下来。这就是"概括 + 想象 + 图画表达"的完美结合。

从写作角度来说，这不就是关注对象特点、集中描写特点、突出表现特点的最佳变现吗？看来，绘图和写作都是相通的。父母在指导孩子绘制图标的时候，可以有以下几个提醒。

提醒 1：注重技巧。要善于捕捉绘图对象的外形，看得久一点，心里存着图像，闭上眼睛出现的那个模糊的图，就是它最鲜明的特征。

提醒 2：要运用联想。我们看到动物园的图标，也许就是一只可爱的熊猫，或者是一只憨厚的雄狮脑袋。原来，运用联想选取具有代表性的事物，才是关键。为什么"熊猫"能代表动物园？熊猫是动物，熊猫代表着可爱，动物最吸引我们的就是可爱，所以，熊猫可以做图标，可爱的狮子也可以做图标。

提醒 3：要学会取舍。有时候，你会发现绘图对象有很多特征，但你可不能"贪"，因为如果读者觉得图标太复杂，包含的信息太多，反而会破坏美感，损伤记忆。所以，舍弃一些枝节，更有助于突出主干。绘完图标后，如何修改呢？修改就是要让图标变得简洁。图标是一种标志，笔画不能多，结构不能复杂，简洁就是标准，简洁才能在读者印象中留下符号。图标就需要可爱，孩子的图标不能太严肃，缺乏童趣、没有人喜爱可不好。所以，尽量使用孩子的"图像语言"，让孩子一看就喜欢。除了喜欢，更重要的是，看一眼就知道这是什么，不需要费力猜。所以，绘制的时候，作者要多联想、多构思，读者才能够轻松接受。

第三步，整体调整绘制效果。

在第一步设定的路线上安放好各个图标，完成第二步后再进行效果调整。这也是最后一步。调整，就是顾全大局、立足细节。要整体观照，顾及各个图标的颜色、形状、大小，做适度的统一调整，让整幅图显得一致；要调整各个区域的"占地面积"，例如，主要景区画大一些，次要景区画小一些，主要的凸显出来，次要的也搭配起来，整个布局也要调整。绘制的导游图，不要出现某一部分很紧凑、某一部分很松散的情况，会让读者误以为那个区域是"大片空地"呢。所以，调整布局的目的就是让人看着舒服。好的调整还要琢磨细节，例如，图标在图中安放的位置也很有讲究，要以"美"为主。

当导游图绘制完后，就剩下依图介绍了。父母可以让孩子结合导游图写一段导游词，或者介绍所游览的景区。可以想象，当读者拿到你的导游图，又配合着看了你的文章之后，很可能饶有兴致地按图索骥走一遭。所以，图有多具体、多准确，就能为大家提供多少方便,大家用图的时候就能少走弯路。图有多可爱,就会吸引多少游客。现在,你明白了吧,绘图就是写作,写作也是绘图,文章就是你的"图腾"。图中透露的是你的性格、爱好、表达力、想象力和统整能力。

说白了,如同哲学家言——语言是思想的家园。有思想,就有表达。表达的形式可以多样。语言,证明了你的存在。要想与众不同地存在,就要有个性的思想,有个性的表达。语言、个性也可以体现在图画上。所以,本节我们讲的是绘图,其实还是在讲写作。当你学会画导游图后,其他的诸如流程图、步骤图、参观图等,都可以依法炮制。你也可以在文中适当穿插一些图,写出一篇图文并茂的好作文。

图,就是文。

小试牛刀—孩子佳作

玩转海南

听到要和几个同学一起去夏令营的消息,我立刻高兴得手舞足蹈。这是我第一次没有爸爸妈妈的陪伴,和同伴一起参加夏令营。会有怎样的惊喜和未知等着我呢?拭目以待吧!

第一天

6月26日下午,飞机带着我们这一帮兴奋的小游客出发了,我的海南之旅也正式拉开了序幕。经过两个多小时的飞行,飞机即将抵达目的地——中国的第二大岛——海南岛。在中国地图上,海南岛就像是"大公鸡"下的蛋。但当我从飞机上俯瞰时,觉得海南就像一颗绿色的大宝石,被碧蓝的大海环抱着,旁边大大小小的岛屿,就像珍珠簇拥着这块大宝石。飞机滑过跑道,密密匝匝的棕榈树、椰树和槟榔树在海风中挥手欢迎我们的到来。接下来的一周,我们就将走进这美丽的碧海蓝天，体验独特的热带风情。我都迫不及待啦！

（妈妈：每次乘飞机抵达前，都可以从高空俯视目的地，这时和陆地上看到的会有很大不同，也正好可以全面地了解当地的地形、地貌。）

第二天

第一站——海口。

完美的一天，从美味的早餐开始。到海口，怎么能错过当地最有特色的早点——后安汤粉呢？

我们全体队员在教练的带领下，浩浩荡荡地来到吴记后安汤粉店。别看这家店不大，装修也普普通通，但据说在当地可是小有名气——它若称第二，就没人敢称第一了。究竟有多好吃呢？我的肚子已经咕咕地叫起来了。

不一会儿，一碗热腾腾的汤粉就端上来了。这碗汤粉香气四溢，白溜溜的粉条里裹着筋道的罗汉肉，汤面上躺着一粒金黄的荷包蛋，再配上绿色的葱花，让人食欲大增。夹一筷子粉条，再喝一口浓汤，那份美味令大家赞不绝口。有些小伙伴吃完一碗不过瘾，又来了一碗。

（妈妈的话：味蕾的记忆，是最深的记忆，也是能保持最久的记忆，但味觉也是最不好表述的感觉。如果把食物的色、香、味都记录下来，食物的美味就会透过文字散发出来。）

吃过早餐，我们就要前往第一站——火山口公园。这些火山的形成距今至少有上万年之久了，是世界上最完整的休眠火山之一。火山喷发时，大地曾发生巨变，可如今，那里成了动植物的乐园，很值得我们观赏哦！

一上山，两旁随处可见形态各异的火山石，它们有的像骆驼，有的像蛟龙，还有些奇形怪状的火山石，连导游也说不上名字来。其中那块像龙的火山石我最喜欢，龙身匍匐在地上，龙头高傲地扬起，源源不断的山泉从龙嘴里吐出，在龙头前聚成了一个小池塘。俗话说："摸摸龙头，行运当头；洗洗龙水，幸福满满。"听到这儿，我也不禁想去水池里洗个凉水澡。

（妈妈的话：简简单单的一句俗语，却表达了人们的喜爱之情和美好心愿。能记住这句话，看来你听得很仔细。）

在火山口公园，不仅怪石嶙峋，造型奇异，连植物都与众不同。上山不久，我们就看到一棵"千年老妖怪树"，它身躯庞大，树干粗壮，我们三个人手拉手也抱不拢它。最奇特的是，这棵树的树皮如果被划破，就会流出一种红色的液体，露出空心的树干，并发出臭味。难怪当地人称它为"千年老妖怪树"。

走在火山石形成的"健康之路"上，我们一边享受着脚底的天然按摩，一边呼吸着富含氧离子的清新空气，格外惬意。几座火山石小屋错落地建在山坡上，整个房子由火山石搭建而成，门口还摆放着几口大缸。听导游说，缸的数量越多，说明这家人越富有。火山石小屋里的大部分家具都是由黄花梨木制造的，这要是摆在家里，那可价值不菲啊！

（妈妈的话：不同的地域，就会有不同的风土人情，一路走一路看，总会有不一样的收获。）

在教练和导游的带领下，我们来到了火山口的喷发处。在这里，我们觉得十分凉爽，那是因为整个火山70%都被茂密的植物给覆盖了，即使在炎炎夏日，也不会有一丝燥热。这一座火山的底部跟其他火山是不一样的，里面没有水。我四处张望，竟然没有看到熔岩从地底下喷发出来的那个通道，我感到很纳闷。教练解开了我的谜团，那是因为火山喷发的时候，残留的岩浆堵住了它喷发的洞口。原来火山喷发的情境各不相同，大自然正在给我们讲述着一个几万年的故事。

从火山底部来到火山顶上，长长的山路可把大家累坏了。但是，当我们站在222.8米的制高点往脚下的城市望时，经过漫长岁月形成的火山奇观和现代化的城市景象融为一体，真让人叹为观止啊！

（妈妈的话：火山口公园是中国唯一的热带海岛城市火山群公园，你们能深

第2天　6.着7　清口

④ 无数楼梯　火山流过的地

② 火山公园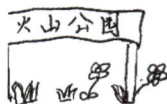

③ 大砧　一路上　健康之路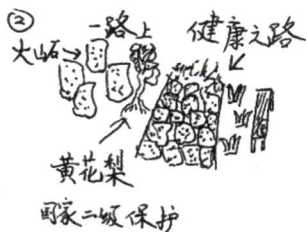

黄花梨
国家二级保护

↙ 小熔洞

⑤ 222.8米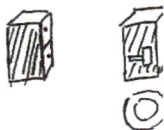

最高点

7% 被植物覆盖

雷达

火山石小屋

屋里（从上街

圣水

熔岩由此喷口喷发

⑥ 火山石古村寻王老吉

门　窗

←床

圈王老吉

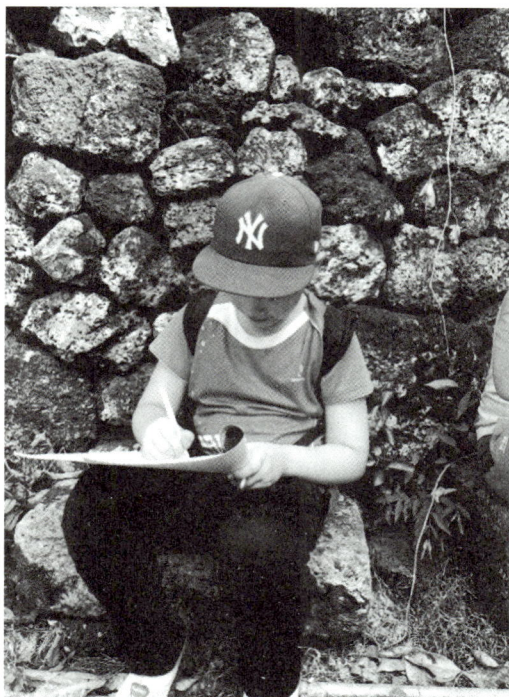

入到火山底部探秘，可真是大开眼界！）

用过午餐了，我们坐车出发来到了一个火山石古村落。村子里的房屋都是用火山石搭建而成的，没有砖头房屋那么规整，墙面还有许多缝隙，看上去显得特别粗糙。但走进屋内，我们却感到格外凉爽。早在几千年前，勤劳智慧的当地人，就地取材，用火山石建成了适合居住的房屋。而这些含有大大小小空隙的火山石，让整个屋子具有冬暖夏凉的功能。可真别小看这火山石，我查了资料后才知道，它竟然是新型的建筑材料，还有治疗和保健功效呢。所以，千年火山石古村，会成为长寿村、状元村，也不足为奇了。

（妈妈的话：通过事后查找资料，加深了对这一地方的了解，是对行程中所获知识的补充。）

在村落里，教练组织我们开展了一次寻宝活动。团队合作寻找藏在村子里的饮料。我觉得这次寻宝的意义就在于，与陌生的队友进行分工合作，然后迅速地熟悉对方并达成默契。哪一队先达成默契，那他们的胜算就更高。虽然这次寻找的宝藏只是一瓶饮料，但是还是给了我们巨大的收获。最终，我们都在屋子的火山石块缝隙中，找到了"宝藏"。这一天又是爬山，又是东奔西跑地找寻，此时此刻喝一口甘甜的饮料，真是舒服啊。原来，教练的安排是"别有用心"的。来，干杯！

火山，让我们感到既神秘又畏惧，而这一天的火山口冒险之旅，却更吸引我们与大自然亲密接触，去探寻大千世界的奥秘。

何泓锐
写于四年级

带我去道歉吧

人非圣贤，孰能无过？金无足赤，人无完人。多少古训告诉我们：犯错没有什么大不了，人世间，不犯错的人不存在。但是，常犯错，确实不应该。犯错而不改正，更是需要反省。

正常孩子，两三天一个小错，一段时间有一个中等错，人生中可能会犯一个大错，但这一个大错一旦来临，可是巨大的打击。孔子说的"不二过"，也许说的就是不要重复犯错，不要犯——大错。

既然犯错是常态，那么，我们有没有考虑过，孩子犯错了，父母该怎么办呢？中国人，要面子。孩子犯错了，父母和孩子也许会本能地遮遮掩掩。但是遮掩错误的结果就是继续错，越错越大。因为犯错的成本很低，只要自己或者父母不说，就好像事情没有发生过。所以，下次再犯，也显得不足为过。另外一种结果就是：父母发怒，让错演变成另一种更大的错。一旦孩子的错误被父母发现，父母就给予惩罚，孩子迎来的可能是一顿暴打、一顿责骂——犯错跟恐惧联系起来了。很显然，这也不利于改错。知错能改，善莫大焉。为何不改？不知道怎么改而已。

其实，深入想想，问题的关键不在于"知道错不知道怎么改"，因为改错行动背后，是对错误的认识。

道歉的前提，是从认识上"改错"。

首先，改错是一种认识上的觉醒。知道错在哪里，才谈得上改错。而这个知道，是在颠覆自己已有的认识，是需要"折腾"的，不是顺延自己的思想。所以，难！

其次，改错是一种行动上的付出。改错需要去行动，真正地做出改错的行动，才能获得对方的原谅，才可能弥补错误。有的时候虽然可能于事无补，但是，做出弥补和没有做出弥补，完全是两回事。

第三，改错，配合对今后生活的长效反思。如果能做到这一点，这次的错误，很可能成为一种人生价值。改错，成了让人终身受益的好事。这不是笑话，历史上好多人都是通过改错而成就人生的。

错，改在口头，可以看作是口语表达，我们欢迎；错，改在行动，可以看作是思想指挥行动，我们鼓励；错，改在心里，那是意识的改变，当事人的度量、气质、人品等都会发生变化，我们欢喜。特别是孩子，能够低头向别人承认自己的错误的，成长的是智慧，将来前途光明。看到别人的错很容易，发现自己的错并不容易，改错还是一种自我修养。

当然，从认识到错误到改正错误，都不是直接提出要求那么简单。命令，是无法达成人性改变的效果的。除了命令，父母还可以借助写作——这种特殊的思维和行动统整的方式，来从根本上实现改变。我们主张：在发现孩子犯错后，父母带孩子去道歉。来到当事人面前，递交一份真诚的道歉信。道歉信，顾名思义就是一种"以道歉为内容的书信"。

这里插入说"书信"。书信有常用的格式。书信的格式在学

校的课程学习中，孩子一定已经接触过。孩子在老师的指导下，应该掌握了相对固定的格式。但我们要提醒的是：千万不要被格式所迷惑、限制、吓退。**其实，书信更重要的功能，是交际、交往，是传递信息、表达。**所以，父母不要过度强调"写成信的样子"。如果格式成为一种限制，不妨放开一切，按照正常的作文来写。只要收信一方能看到，看后能明白，并且也能够提笔回信，这就是书信写作的最大意义啦。相反，非常注重所谓的格式，因为格式而不敢提笔写信，那是买椟还珠。

让自己的孩子低头认错，向人道歉，实属不易。如今要把道歉的过程用文字记录下来，写成道歉信，真的是难上加难。因为特别难，所以更有价值。让我们一起补上这一课吧。父母指导整个道歉信的写作过程，给孩子一种难以言表的力量和支持，对孩子是一种鼓舞。孩子感觉到父母都支持自己认错、改错，他的信心、勇气和正义感也能由此培养起来。

道歉信的写作指导着力点是什么呢？

这可不是一封信那么简单，其内涵相当丰富。

首先，指导的是写出一份态度。道歉就是一种诚恳的认错态度。写作，也需要真诚的态度。正所谓"不精不诚不能动人"。发现二者的相同之处了吧。真诚是写作之本，真诚是道歉之心。真诚，就是二者统一的聚焦点。很有必要在写之前，由父母先和孩子谈话，让他认识到错误，让他自己萌发去道歉的愿望，让他知道可以采用写道歉信的方式来实现。真诚，源于自觉、自省、自动。

其次，指导的是写出一份回忆。在道歉信中，是少不了回忆的。犯下的错误，本身就是事件，所以，写道歉信势必追溯到事件本身，势必需要适当回忆事件。这种回忆，既是对自己犯下过错的一次反思，又是诚意的表现。设想一下，接受道歉的当事人看到你这段回忆时，会感觉到你的态度是诚恳的，会发现你的认识是很清楚的，还可能发现你不是有意为难自己，原谅你的可能性就更大了。倘若你对那段过往只字不提，或是有意隐瞒，那么即便用再华丽的语言来道歉，也会让人觉得虚伪，是有目的的，只是为了让自己减少灾祸而已，道歉被接受的可能性也就少了几分。记录回忆的时候，不仅要写出事件经过，更多的是结合经过写出自己的思想，让对方通过回忆也对你多一分了解。

第三，指导的是一份思考。何为思考？到底要想什么？父母主要让孩子想想：整个事件中，你对自己的所作所为有什么认识？有什么想法？过程中的每一个细节，你有什么分析结果？在问题发生的几个关键节点上，你对自己的处理方式有什么看法？思考，伴随着记忆；思考，来源于真诚。真诚地说出自己的问题，真诚地请求对方原谅。其实，思考本身就是你的态度。例如，针对自己的问题，可以用换位思考的方式来表述：当时我只想那么做，我却没有想到你会有什么感受；我一时心急，做了这样的事情，没想到对你造成伤害；当时我对你有哪些误解，以至于做出了这样的行为……

换位思考，就是不断让思维在"你""我"之间切换，真心诚意地解决问题。会有矛盾冲突，就是因为站在各自的立场上。如今，思考让"我"站在"你"的立场上，替"你"说出"你"的想法，问题，也许就迎刃而解了。很多时候，错误都源于一种唯我独尊的思想。道歉，正好能治这种"病"。冲突，源于双方没有坦诚沟通，道歉信就是借助写作建立孩子之间面对面的沟通渠道，借助书信把事情说清楚。只要说清楚了，就没问题了，孩子没有隔夜仇。

最后强调的一点是，指导的还是一份承诺。以道歉信的形式和对方交流，传递歉意。道歉后，把这封信交给对方，由他保存。其实，就是以书写的形式，向对方发出承诺——我知道错了，我保证不会再这样做了，有书信为证。真心希望你接受我的歉意，真诚希望我们的友情恢复如常。以书信的方式，白纸黑字，特别有可信度。相信小伙伴之间都能接受。我们主张父母指导孩子主动去道歉，也是对其进行诚信培养。生活中，很需要这种态度。我们相信这样的生活态度，或者说是为人的信念，能在他未来的生活中起到积极的作用。

带孩子去道歉，这是为人父母的一种责任。孩子的错误很可能是反反复复不断出现的，一个错误重复三四次，也是有

可能的。所以，当孩子再次犯这个错误的时候，父母可以引导他回忆这次道歉信的书写经历。建议父母把孩子写的道歉信复印保存，假如信件已经交给当事人，需要时就可以拿出复印件，凭借文字来回忆。这，更有说服力。当然，我们不是为写作文谈指导。我们主张的是文字教育实践。文字，见证孩子成长，文字解决生活危机。

"带我去道歉吧"，可能孩子需要，因为犯错时，有父母陪伴，有父母适度代为遮掩，这就是孩子的状态。我们的目的是帮助孩子成长，而不是让他赤裸裸地曝光。所以，"带"在此节中，意味深长。

小试牛刀—孩子佳作

道歉信

亲爱的何泓锐：

你好，我是何泓锐。

你一定会觉得奇怪：怎么还有给自己写信的？也不奇怪，我给自己写信，其实是因为考砸的期末测试。

上学期，我五年级了。妈妈去乡下支教，周一到周五都不在家。再加上爸爸常出差，家里大多数时间只剩下我和表姐两人。常无父母陪伴、自控力又不足的我，时常出现状况，最常做的就是偷偷玩手机。一天天地度过诸如此类的生活，我的成绩便有所下降。

语文考试前，我并没有认真复习，只是草草地读了几遍书。进了考场，我居然不是坐下来翻看资料，而是和同学们玩。考试时我还心不在焉，估计这些就是考砸的原因吧！

虽然数学是我的强项，拿了100分，可是语文和英语，考得却很差。这说来也好笑，父母都是语文老师，可三科成绩中，我语文成绩最差，数学成绩最好。现在后悔已经来不及了，只有通过努力，再争取进步了。

所以，我写下这封信，和自己道歉，和父母道歉，和老师道歉，我辜负大家的期待了。

弱项就要补上。我觉得下学期我该这么做：1.每天保证阅读时间；2.不要因为手机的事而起矛盾；3.要心静，不要像以前那样心不静。

对不起，未来的我，现在的何泓锐没有做好。我一定会加油的。

何泓锐
难忘的一天的下午

何泓锐
写于五年级

134

从来不教，为什么写得好？

有些父母发出让人羡慕的最强音——我们从来不教孩子写作文，但我的孩子就是写得好。

每逢此时，我们总认为是天赋。无奈，都是孩子，来到这个世界的时候就有了差距。

实际上，真正具有写作天赋，或者说具有语言天赋的，那可能仅仅是百万分之一，千万分之一……这种人，如果是我们的孩子，我们感谢上天。但情况往往并非想象中那样完美。美好的人生，需要引导。那些"从来不教但写得很好"的孩子，在家庭教育中，是有方法可循的。

我们走访了几个强调"不教"，但是孩子很会写的家庭。同时，在二十余年的执教生涯中，我也发现过这样的家庭，就跟父母、跟孩子做了较有深度的访谈，做了至少两年的跟踪，终于发现了"不教但胜过教"的密码。

密码一，阅读。这些家庭，基本上都是崇尚阅读的。读书，会让孩子的写作变得更好。但必须说，阅读带来的写作改变，是缓慢的。犹如用中药滋补，得慢慢来。变化，每一天都在发生，只是很微小，你看不见。但看不见的才是最好的。一次一次都看不见，一次一次都在变。如果要读，就读些经典的书。读的书品位越高，变化来得越明显。有时候你会抱怨孩子都"成年了"还没有变，其实，他已经发生变化了，看看他的人生就会发现阅读浸润身心的幸福。

密码二，高频练写。要想写好，唯有经常写。多么经常？每天写最好。越是会写的孩子越爱写，类似马太效应。所以，那些没有教就会写的孩子，养成的是写的习惯。习惯积累成能力，达到自动化、自觉化，自然超越"教"。孩子自觉自愿地练习，每天写百字作文、写日记，天天练，手不会生疏。写，为自己积累了巨大的素材库，锻炼了思维。写着写着，觉得没话写了，就去读，读和写通过"每日练习"实现统整。所以，看上去"不教"，但是高频练习胜过教，产生的是根本的气质变化。

密码三，常聊天。这类家庭的父母都强调聊天，聊天几乎每时每刻都在进行。也就是说，在家中，孩子是父母的话语伙伴。聊天，对孩子的改变巨大。对话式教学的核心就是交流，苏格拉底的"产婆术"主张教学也要通过交流。因此，不教，但常跟孩子对话，对孩子的话语能力发展大有裨益。对话中，交换的是话语信息，是思想，是一次次及时的、有针对性的导流。这比蹩脚的"教"更为有效。

密码四，带孩子出去玩。不教可以，不补习可以，但少了一起外出，问题就严重啦。经常带孩子参与各种活动的家庭，孩子会越来越好。在活动中，孩子的视野开阔，见闻丰富。更重要的是，活动中有同龄人相伴，活动等于为他建构了一个话语圈。孩子在圈中，会受到影响，能够自然获得生长。玩，就是交往，写，也是交往；玩中的交往让孩子喜欢；写中的交往能迁移借鉴。

综合以上四点，最好的"教"就是父母的陪伴。"不教，但写得好"的家庭，都是陪伴式的。只要父母陪伴孩子成长，你会发现"哇，他真的有天赋！"。其实，天赋是在陪伴中被激活的。有天赋的，不仅是你的孩子，父母也有"发现天赋的天赋"。

何　捷